U0943703

［小中见大·智慧文丛］

小故事中的大智慧

鞋里的沙

张健鹏　胡足青◉主编

修订版

丰子恺◉绘图

九州出版社
JIUZHOUPRESS

图书在版编目(CIP)数据

鞋里的沙/张健鹏，胡足青主编；丰子恺绘．—北京：九州出版社，2007.4

(小中见大·智慧文丛；4)

ISBN 978-7-80195-650-7

Ⅰ．鞋… Ⅱ．①张…②胡…③丰… Ⅲ．成功心理学—通俗读物 Ⅳ．B848.4-49

中国版本图书馆CIP数据核字(2007)第048709号

本书图片版权由中华版权代理总公司代理．

鞋里的沙：小故事中的大智慧

作　　者	张健鹏 胡足青 主编　丰子恺 绘图
责任编辑	姜逸菲
责任校对	赵　建
出版发行	九州出版社
地　　址	北京市西城区阜外大街甲35号(100037)
发行电话	(010)68992190/2/3/5/6
网　　址	www.jiuzhoupress.com
电子信箱	jiuzhou@jiuzhoupress.com
印　　刷	北京才智印刷厂
开　　本	720×1020 毫米　16开
印　　张	16
字　　数	320千字
版　　次	2007年5月第1版
版　　次	2007年5月第1次印刷
书　　号	ISBN 978-7-80195-650-7/B·206
定　　价	26.00元

序言

智慧在此隐藏

——推开虚掩的智慧之门

※

每个人的心灵深处，或许都印刻着这样一幅画面：朗朗的星空下或摇曳的烛光旁，幼小的自己依偎在妈妈或奶奶怀中，入神地听着一个又一个动人的故事。或许是凶恶的大灰狼，或许是美丽的小公主，或许是蠢笨的地主和机智的长工，或许是英俊的王子和善良的灰姑娘……听着听着，孩子进入了梦乡；听着听着，孩子在慢慢成长……

繁忙紧张的现代人忙碌着一项项大事业，那些美丽的故事蒙着灰尘静静地躺在脑海深处。直到有一天，他们抱着自己的小宝宝，才想起去买本童话书，给孩子们讲讲故事。

真的只有孩子们才需要故事吗?

※※

其实，我们干裂的心田更需要一股充满爱与智慧的美丽的清泉。

因为职业的关系，多年来我先后采访过多位成功人士，成功当然都意味着财富、地位。他们在回忆自己成功的经历时，大多会抖落出一两个小故事，有自己亲历困境时的顿悟与体验，更多的是别人的小故事，甚至是流传已久的寓言、童话或民间故事。这些故事给予他们莫大的精神营养，他们从中汲取的信念与智慧对自己的成功有着很重要的作用。他们也经常把这些故事讲给员工、同事及朋友们听：这比讲别的更直接、形象、生动、传神。

我问自己：许多故事也曾经听过或读过，为什么人家就从中找到了成功的支撑，而我却轻易地让它们随风飘去呢？

※※※

因为，智慧在其中隐藏。

智慧是什么呢？

《现代汉语词典》中的解释是：辨析判断、发明创造的能力。如：人民的智慧是无穷的。

词条的定义当然是力求简洁精确。但我想，智慧其实是一种境界，是一种只可意会不可言传的境界：广阔的胸怀、渊博的知识、精明的头脑、机智的反应、敏锐的行动、幽默的语言……智慧无所不在，处处隐藏。不同的人，不同的时空，不同的事物，智慧的表现形式也大不相同，你这样做，他却那般行，没有一个标准答案。

可能任何对智慧的描述与捕捉都是多余和徒劳，所以六祖慧能只是拈花一笑。

※※※※

推开虚掩的智慧之门，捕捉住小故事中的智慧精灵。

你给我讲过一千遍大道理，我耳朵都听出茧子了，从小到大，妈妈和老师都是这么说的，语气神态都差不多，一出门我就给忘了。

你给我讲了一个小故事，一阵清风吹过，不经意间，我的心弦为之颤动，智慧与道理变成一个个可爱的小精灵，都慢慢融化在心里。

有的小故事也许多年前曾听过，有的乍一看觉得平淡无奇，但静下心，带着自己对生命与事业的体验，细细品味，会有全新的感觉。

※※※※※

有许多故事很精彩，可惜太长；有许多故事很精彩，但已流传甚广，只好对其割爱。本书力图为朋友们献上一份精美新鲜的小快餐，滴水藏海，小中见大。在轻松的阅读中，有一份新鲜的感觉，愉悦的享受，不知不觉中，为自己点一盏心灯。

慢慢去读吧，慢慢去做吧，我的朋友，不要让智慧消化不良，融入血液的营养才是真正的收获。

剑 朋

2007年4月北京世纪城

第一辑 [大家风范]

第二辑 [天使之爱]

◉ 第三辑 [共生共存]

◉ 第四辑 [鞋里的沙]

◉ 第五辑 [爱的时光]

◉ 第六辑 [人生曲线]

◉ 第七辑 [一念之间]

◉ 第八辑 [纯洁情谊]

◉ 第九辑 [最大努力]

第一辑

【大家风范】

擦谁的皮鞋

当林肯正在擦他自己的皮鞋时，一个外国外交官向他走来。

“怎么，总统先生，您竟擦自己的鞋子？”

“是的。”林肯回答，“那么您擦谁的鞋子？”

[书外人语] 外交官的意思是：您贵为总统，怎么还自己动手擦鞋子呢？林肯当然明白他在说什么，可这位平民总统并没有表白什么，而只是风趣地“误解”外交官的意思，把重点放在擦“自己”的鞋子上：怎么，你难道还擦别人的鞋吗？

被撞以后

有一次，一位急匆匆迎面而来的军官在作战部大楼的走廊上一头撞到了林肯身上。当他看清了被撞的竟是总统先生的时候，立刻赔不是。

“一万个抱歉！”这位军官恭敬地说。

“一个就足够了。”林肯回答说，接着又补上一句：“但愿全军的行动都能如此迅速。”

[书外人语] 有一些领导以为，威严是建立在“架子”上的。他们除去在镜头面前挤出表演式的亲民笑容以外，成天端着架子，生怕下属冒犯了他的尊严。这样也许会换来下属的敬畏，但绝不可能赢得爱戴。

定　位

| 卞毓方

1949年10月1日，天安门城楼上，毛泽东以浓重的湘音宣告中华人民共和国成立。刹那间万众欢呼，礼炮齐鸣。然而，在这庄严而神圣的时刻，朱德却从毛泽东的身后悄悄走出。

朱德为什么要离开他的位置?原来，城楼上空间狭小，他看到担当摄影任务的新华社记者为了拍下完整的画面，不得不把身子倚着汉白玉栏杆，一个劲地向后仰、向后仰。这样做太危险! 朱德见状，赶忙一个箭步蹿了过去，牢牢抱住那位摄影记者的双腿。

在朱德的帮助下，记者终于顺利完成了拍摄。而朱德本人，也就永久性地留在开国大典的镜头之外。

［书外人语］他在镜头之外，却长留在人心之中；有些人抢着上镜头，自以为很风光，但镜头播过去就被大家忘掉了。

雅　量

萧伯纳知道有人管他叫驴子的时候，他并不生气，反而把这当成是一种赞美，高兴地接受了。

他以驴子自勉，因为驴子有谦逊、质朴、勤勉和知足的特性，对粗食和轻视都能泰然处之。

他说:“没有一个人会因为这样的特质而动怒的。”

有人批评林肯有两张面孔。林肯指着自己那张相当平凡，而且不怎么好看的脸说:“如果我有另外一张脸的话，你想我还会戴着这张脸吗?”

英国首相丘吉尔在出席一次质询会议中，有位强悍的女议员指着他破口大骂:“如果我是你太太，我一定会在你的咖啡里下毒!”此时全场肃然，大家都在担心丘吉尔将如何应对。只见丘吉尔不慌不忙地缓缓答道:“如果你是我太太，我一定将此咖啡一饮而尽。”

[书外人语] 如果别人的批评是正确的，那是对我们的帮助；如果别人的批评是错误的，并不会改变我们的一丝一毫。

上将与下士

乔治·华盛顿是美利坚合众国的第一任总统，就是他领导美国人民为了自由为了独立浴血奋战，赶走了统治者。

乔治·华盛顿是个伟人，但并非后来人想象的，他专做伟大的事，把不伟大的事都给不伟大的人去做。实际上，他若在你面前，你会觉得他普通得就和你一样——一样的诚实，一样的热情，一样的与人为善。

有一天，他身穿没膝的大衣，独自一人走出营地。他所遇到的士兵没有一个认出他。在一处，他看到一个下士正在领着手下的士兵筑堡垒。

“加把劲!”那个下士对抬着巨大石块的士兵们喊道:“一，二，加把劲!”但是那下士自己的双手连碰石块一下都不碰，因为石块很重，士兵们一直没有把它放到位置上。他们的力气几乎用尽，石块就要滚落下来。

这时，华盛顿已疾步跑到跟前，用他强劲的臂膀顶住石块。这一援助很及时，石块终于放到位置。士兵们转身，拥抱华盛顿，表示感谢。

“你为什么光喊‘加把劲’却把自己的手放到衣袋里呢?”华盛顿问那下士。

“你问我？难道你看不出我是这里的下士吗?”

“哦，这倒是真的!”华盛顿说着，解开大衣纽扣，向这位鼻孔朝天、背绞着手的下士露出他的军服，“按衣服看，我就是上将。不过下次再抬重东西时，你就叫上我!”

你可以想象，那位下士看到站在自己面前的竟是华盛顿本人时，是多么的羞愧。

[书外人语] 自以为了不起的人往往并没有什么了不起。小人物总是自视甚高，大人物总是平易近人。

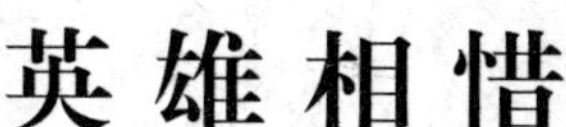

英雄相惜

有一次爱因斯坦应邀去欣赏卓别林的艺术表演。他非常欣赏卓别林的艺术天分，因此在观赏完毕后写了一封信给卓别林，称赞他说:“您主演的影片《淘金记》世界上所有的人都看得懂，您一定会成为人们心目中的伟大人物。”

卓别林在看过信后，马上提笔回信说:“您使我更加钦佩。您的相对论，世界上没有几个人懂，可是您已是人们心目中的伟大人物。

[书外人语] 伟大人物的共性之一就是知道如何去欣赏和赞美别人。

化干戈为玉帛

美国第7任总统安德鲁·杰克逊（1767–1845年）在历史上以强硬勇敢著称，他被当时的人称为“老胡桃木”——当时人们所能想到的最坚硬的东西。杰克逊一生中曾多次与仇敌决斗，其中很危险的一次是与本顿的决斗。本顿一枪击中了杰克逊，杰克逊大难不死，但子弹一直留在体内近20年。到1832年医生取出子弹的时候，本顿已经成了杰克逊的热情的支持者。

杰克逊建议将子弹归还本顿，但本顿谢绝接受。说20年的保管期，已使产权发生了转移，子弹的所有权当属杰克逊了。而杰克逊说自从上次决斗到现在还只有19年，产权关系没有发生变化。

本顿回答说：“鉴于你对子弹的特别照管——一直随身携带，我可以放弃这一年。”

［书外人语］该强硬的时候强硬，该宽宏大度的时候就宽宏大度--这才是政治家的风度。

回　电

南北战争时，林肯有一回发令到前线去，要各司令官发到白宫来的报告，务求翔实，一无挂漏。麦克利兰将军是一个急性子的人，接到了林肯总统的这道命令着实有些受不住，马上发个电报到白宫去，电报称：

“华盛顿林肯大总统钧鉴：倾俘获母牛6头，请示处理办法。麦克利兰。”

林肯接到了麦克利兰将军的电报，马上给他一个回电：

“麦克利兰将军勋鉴：电悉。所陈俘获母牛6头，挤其牛乳可也。林肯。”

[书外人语] 面对属下的抱怨，林肯没有居高临下地呵斥与指责，而是报以幽默的回答。相信那位将军看到这封回电，一定哭笑不得，而且那些怨气也消除了，以后则会乖乖地执行命令。

成人之美

第一次登陆月球的太空人，其实共有二位，除了大家所熟知的阿姆斯特朗外，还有一位是奥德伦。当时阿姆斯特朗所说的一句话:“我个人的一小步，是全人类的一大步。”早已是全世界家喻户晓的名言。

在庆祝登陆月球成功的记者招待会中，有一个记者突然问奥德伦一个很特别的问题:“由阿姆斯特朗先下去，成为登陆月球的第一个人，你会不会觉得有点遗憾?”

在全场有点尴尬的注目下，奥德伦很有风度地回答:“各位，千万别忘了，回到地球时，我可是最先出太空舱的，”他环顾四周笑着说，“所以我是由别的星球来到地球的第一个人。”

大家在笑声中，都给予他最热烈的掌声。

[书外人语] 争荣誉、出风头的人，是注定要被伟大事业淘汰的，因为伟大的事业需要的是伟大的团队。

你在为谁打工

| 王 飙

齐瓦勃出生在美国乡村，只受过很短的学校教育。15岁那年，家中一贫如洗的他就到一个山村做了马夫。然而雄心勃勃的齐瓦勃无时无刻不在寻找着发展的机遇。三年后，齐瓦勃终于来到钢铁大王卡内基所属的一个建筑工地打工。一踏进建筑工地，齐瓦勃就抱定了要做同事中最优秀的人的决心。当其他人在抱怨工作辛苦、薪水低而怠工的时候，齐瓦勃却默默地积累着工作经验，并自学建筑知识。

一天晚上，同伴们在闲聊，惟独齐瓦勃躲在角落里看书。那天恰巧公司经理到工地检查工作，经理看了看齐瓦勃手中的书，又翻开他的笔记本，什么也没说就走了。第二天，公司经理把齐瓦勃叫到办公室，问:“你学那些东西干什么?”齐瓦勃说:“我想我们公司并不缺少打工者，缺少的是既有工作经验、又有专业知识的技术人员或管理者，对吗?”经理点了点头。不久，齐瓦勃就被升任为技师。打工者中，有些人讽刺挖苦齐瓦勃，他回答说:“我不光是在为老板打工，更不单纯为了赚钱，我是在为自己的梦想打工，为自己的远大前途打工。我们只能在业绩中提升自己。我要使自己工作所产生的价值，远远超过所得的薪水，只有这样我才能得到重用，才能获得机遇!”抱着这样的信念，齐瓦勃一步步升到了总工程师的职位上。25岁那年，齐瓦勃又做了这家建筑公司的总经理。

卡内基的钢铁公司有一个天才的工程师兼合伙人琼斯，在筹建公司最大的布拉德钢铁厂时，他发现了齐瓦勃超人的工作热情和管理才能。当时身为总经理的齐瓦勃，每天都是最早来到建筑工地。当琼斯问齐瓦勃为什么总来这么早的时候，他回答说:“只有这样，当有什么急事的时候，才不至于被耽搁。”工厂建好后，琼斯推荐齐瓦勃做了自己的副手，

主管全厂事务。两年后，琼斯在一次事故中丧生，齐瓦勃便接任了厂长一职。因为齐瓦勃的天才管理艺术及工作态度，布拉德钢铁厂成了卡内基钢铁公司的灵魂。因为有了这个工厂，卡内基才敢说："什么时候我想占领市场，市场就是我的。因为我能造出又便宜又好的钢材。"几年后，齐瓦勃被卡内基任命为钢铁公司的董事长。

齐瓦勃担任董事长的第七年，当时控制着美国铁路命脉的大财阀摩根，提出与卡内基联合经营钢铁。开始的时候，卡内基没理会。于是摩根放出风声，说如果卡内基拒绝，他就找当时居美国钢铁业第二位的贝斯列赫姆钢铁公司联合。这下卡内基慌了，他知道贝斯列赫姆若与摩根联合，就会对自己公司的发展构成威胁。一天，卡内基递给齐瓦勃一份清单说："按上面的条件，你去与摩根谈联合的事宜。"齐瓦勃接过来看了看，对摩根和贝斯列赫姆公司的情况了如指掌的他微笑着对卡内基说："你有最后的决定权，但我想告诉你，按这些条件去谈，摩根肯定乐于接受，但你将损失一大笔钱。看来你对这件事没有我调查得详细。"经过分析，卡内基承认自己过高估计了摩根。卡内基全权委托齐瓦勃与摩根谈判，并取得了对卡内基有绝对优势的联合条件。摩根感到自己吃了亏，就对齐瓦勃说："既然这样，那就请卡内基明天到我的办公室来签字吧。"齐瓦勃第二天一早就来到了摩根的办公室，向他转达了卡内基的话："从第51号街到华尔街的距离，与从华尔街到51号街的距离是一样的。"摩根沉吟了半晌说："那我过去好了！"摩根从未屈就到过别人的办公室，但这次他遇到的是全身心投入的齐瓦勃，所以只好低下自己高傲的头。

后来，齐瓦勃终于自己建立了大型的伯利恒钢铁公司，并创下了非凡的业绩，真正完成了他从一个打工者到创业者的飞跃。

［书外人语］如果你认为你是在为别人工作，那你就永远只能为别人工作。如果你认为你是在为自己工作，那你终将会有自己的一番事业。

时间就是财富

在本杰明•富兰克林的书店里，一个男子问道:“那本书多少钱?”

“1美元。”店员回答道。

“要1美元!”那个徘徊良久的人惊呼道，“你能便宜一点吗?”

“没法便宜了，就得1美元。”这是他得到的回答。

这个颇有购买欲望的人又盯了一会儿那本书，然后问道:“富兰克林先生在吗?”“是的，”店员回答说，“他正忙于印刷间的工作。”

“哦，我想见一见他。”这个男子坚持道。书店的老板富兰克林被叫了出来，陌生人再一次问:“请问那本书的最低价是多少，富兰克林先生?”“1.25美元。”富兰克林斩钉截铁地回答道。“1.25美元! 怎么会这样子呢，刚才你的店员说只要1美元。”“没错，”富兰克林说道，“可是你还耽误了我的时间，这个损失比1美元要大得多。”

这个男子看起来非常诧异，但是，为了尽快结束这场由他自己引起的谈判，他再次问道:“好啊，那么你可以告诉我这本书的最低价了吧?”“1.5美元。”富兰克林回答说。

“天啊，刚才你自己不是说了只要1.25美元吗?”

“是的，”富兰克林冷静地回答道，“可是到现在，我因此所耽误的工作和丧失的要远远大于1.5美元。”

这个男子默不做声地把钱放在柜台上，拿起书本离开了书店。从富兰克林这位书店主人的身上，他得到了一个有益的教训：从某种程度上来说，时间就是财富，时间就是价值。

[书外人语] 不珍惜自己时间的人，多半也会浪费别人的时间。不守时、开会迟到、抹不开情面的应酬等等，都是此类人物的“杰作”。

最好的回答

果戈理是19世纪俄国的大作家。

有一次他正在津津有味地向诗人布科夫斯基朗读自己新创作的一个剧本。读着读着，忽然发现诗人已经发出轻微的鼾声。

他立即停止了朗诵。

诗人被惊醒过来，感到十分抱歉。

可是，果戈理却真诚地对诗人说:“我希望听到您开诚布公的批评，而您的瞌睡就是最好的回答。”

说完，立即把手稿投入熊熊的火炉之中。

［书外人语］要想听真话，自己首先要有听真话的胸怀和气度。

人生风湿症

| 陶 杰

大导演史蒂文·斯皮尔伯格决定，回到加州大学修完当年没有读完的电影系学分。

1965年，史蒂文·斯皮尔伯格在加州大学电影系二年级时拍了一部22分钟的短片，参加亚特兰大电影节，好莱坞的投资者看了，马上与他签约，斯皮尔伯格因此辍学，到好莱坞发展。事实证明这一步是对的，如果他当年不把握机会，坚持要完成学业，他或许成不了大师。

但30多年过去了，斯皮尔伯格虽然功成名就，他还是很介意年轻时的学业没有完成。夜深人静时，斯皮尔伯格总听到一个声音对他说：今天你是好莱坞权力最大的人，你的名字是年轻人的名牌、金钱的保证，但那又怎样呢?你曾经背弃过自己的承诺，无论再有钱、名气再大，你的品格还有个小小的污点，因为你曾经当过逃兵。

斯皮尔伯格回到大学，用假名重新注册插班，用假名考试交卷，只有几个教授知道他的身份，他的功课与其他学生的一起送交校外的学者审阅。课程要求学生交电影实习作业，斯皮尔伯格在《辛德勒的名单》中选取了12分钟影片，还交了《大白鲨》和《第三类接触》的片段。

大学电影系助理教授凯利为他总评分，给他成绩“良”，评语是“该学生对音响、灯光、剪接和剧本管理颇有驾驭力”。

这位《侏罗纪公园》的主人还要辅修一门叫野生生物的学科。他谦卑有礼，除了有一天在课上把一只脚搁在书桌上之外。但他向老师道歉，解释说这是前一天他同儿子一起玩滑板时扭伤了腿。教授提醒班上其他学生，不要对这个天王级的同学有什么崇拜的眼光，只把他当普通人。学生做到了，没人向他索取签名，但在毕业典礼的那天，他们告诉父母：我与史蒂文·斯皮尔伯格同一年毕业。

在虚荣的世界，有太多人相信“成功人士”不一定要念完大学，并以盖茨为例，说盖茨也没有读完大学。但学业没有完成，是毕生的心理创伤，即使缝合了，也还在心头留下疤痕。终有一天，我们都会为年轻时一件没有交的功课、一项未完的工作，或辜负了一个人而感到遗憾，醒悟一切名誉和财富都不能补偿。这样的遗憾，像风湿症，通常在中年以后发作。斯皮尔伯格不惜代价，治好了他的风湿症，他是一个有福气的人。

[书外人语] 学业与成功之间并不能完全划等号，但没完成学业毕竟是一个令人遗憾的事情。除去成功、财富，生命中还有一些重要的承诺，值得我们去信守，如此会让我们的人生更加精彩。

面对耻辱

| 杏林子

美国总统罗斯福在中年时患上了小儿麻痹症，这时他已做了参议员，在政坛上炙手可热，遭此打击，差点心灰意冷，退隐乡园。

开始时，他一点也不能动，必须坐在轮椅上，但他讨厌整天依赖别人把他从楼上抬上抬下，晚上就一个人偷偷练习。

有一天他告诉家人说，他发明了一种上楼梯的方法，要表演给大家看。

原来，他先用手臂的力量，把身体撑起来，挪到台阶上，然后再把腿拖上去，就这样一阶一阶艰难缓慢地爬上楼梯。

他的母亲阻止他说："你这样在地上拖来拖去的，被别人看见了多难看。"

罗斯福断然说："我必须面对自己的耻辱。"

[书外人语] 自己的耻辱必须由自己来面对，因为只有勇敢地面对自己耻辱的人，才有可能战胜它，而一味地逃避，终不能解决问题。

25英镑的身价

1941年夏天，一架轰炸机在荷兰某海域上空飞行时，右舷引擎突然起火。驾驶飞机的是新西兰人詹姆斯•艾伦•沃德中士。在千钧一发之际，他腰系一根绳子，在同伴的帮助下，爬上机翼扑灭了火焰，并胜利返航。这种勇敢行为使他获得了“维多利亚十字勋章”。

很快，丘吉尔在唐宁街10号接见了沃德。可是站在英国首相面前，扑火英雄紧张得满脸通红，说不出一句话来，丘吉尔对此十分同情，目不转睛地盯着这位硬汉，问道:“你在我面前一定觉得非常紧张和窘迫吧?”

沃德承认确实如此，丘吉尔温和地反问:“那么，你也能想象得到，我在你的面前也是如何的紧张和窘迫呀!”

丘吉尔谦逊的美德就是在成为平民后还保持着。1955年，丘吉尔辞去首相职务，告老还乡。

一天，英国著名作家、史学家罗斯来拜访，一踏进丘吉尔的书房，陈列在房中的一张用南非阿里肯恩斯语书写的布告引起了罗斯的兴趣。只见上面写着:“悬赏通缉捉拿战犯一名：英国人，现年25岁，身高5英尺8英寸。体态臃肿，其貌不扬。走路时上身略向前倾。脸色苍白而霉败。有一嘴乱七八糟的小胡子，说话时鼻音很重，口齿极不流利，不懂荷兰语，愚蠢如猪。此人名叫温斯顿•丘吉尔。”“以25个英镑的赏价缉拿逃犯丘吉尔，无论是活的还是死的都行。”主人看到罗斯紧盯着布告，便加重语气说:“25个英镑，这就是我生命的价格!”

这张布告究竟是怎么回事呢?那是1899年10月，英国发动了对南非布尔人的战争，年方25岁的丘吉尔以随军记者的身份前往战地采访，不幸在一次深入敌区的侦察任务中当了俘虏。但不久，他又机警地逃跑了。于是，布尔人悬赏缉拿逃犯，丘吉尔之所以要陈列这份布告，无非是告诫自己，永远不要以了不起的“大人物”自居，充其量自己才值25英镑。当了首相没有增，身为平民亦未减，陈列展示这张布告，其用心可谓良苦!

[书外人语] 我们对伟大人物的敬仰，多是出自于对他们身上美德的钦佩，而不仅仅是对其才华和成就。

灵　气

一天，一位年逾古稀的老太太，拿着一本旧作文本问巴尔扎克："大作家，你给我瞧瞧，这小子有没有天赋，将来是不是块当作家的料?"

巴尔扎克接过看了看："嗯，他天赋不大，灵气不多，凭这当作家很难。"

老太太一听，笑道："好小子，我以为你们当作家的什么都懂，没想到你连自己30多年前的小学作文都看不出来!"

[书外人语] 如果你真有天赋，勤奋可以使它锦上添花，促你早日成才；如果你没有天赋，勤奋可以弥补它的不足，助你功成名就。

感　恩

| 陈一

在湘西凤凰夺翠楼头，和黄永玉闲谈。一位湖南女孩请黄永玉给她一点做人的忠告。

黄永玉说，他十几岁的时候去上海，生活、读书都没着落。有一对夫妇让他住在他们家里。

这家人家有好多书，他们夫妇还允许黄永玉读这些书。黄永玉离开家乡时，年龄很小，他说他读的书，许多就是在那儿读的。他在那儿断断续续住了两三年，每年除夕，这对夫妇总是等着黄永玉归来一起过年。这家的院子里，开满了梅花，待到下雪，院子里很静，很美。有两个除夕，不管走多远，无论多晚，黄永玉总赶在除夕夜回到那个家、那个院子里去，去和这对夫妇一起吃年夜饭。第三年，黄永玉赶到那个家、那个院子的时候，已经是大年初一凌晨了。那对夫妇，仍在等着他，桌上有过年的菜，还放着留给黄永玉的一个空碗、一双筷子。

黄永玉说，人生总是这样，一个人总会碰到很多好心人，这些好心人，会在你困难的时候，伸出手来帮助你。因此做人要感恩，感恩生命，感恩人，感恩很多帮助过自己的好心人。好心人并不要求回报，他们从来就不期待回报，他们也有被人家帮助过的经历，他们帮助别人，也是因为他们感恩，感恩生命，感恩生活。黄永玉接着说，怎么度过人生，也说不出什么忠告，要说有什么的话，有一句话，可能有用，那就是：在你向前走的时候，有时会摔跤，摔跤是正常的，摔跤是长大的代价。可摔了跤之后，千万不要回过身去，去欣赏那个坑。人要感恩生命，感恩生活，有许多事要赶着去做。

最后，黄永玉说，我们感恩生活，包括生活带给我们所有的快乐和痛苦。

[书外人语] 人的本性是善还是恶，是一个争论不休的话题。我想，人性中本来有善的成分，也有恶的成分，不同的人比例上可能会有区别，可同一个人在不同的时候也会有不同的表现。在善意的环境中，大家多半会表现得善良；在险恶的环境中，人性的恶就会更多地显露，这种表现在某种程度上说，是人与人、人与周围的环境互为影响的。人的理性抉择是大家都尽可能地以感恩的心态创造善良的环境。

孩子的哭声

著名的歌唱家帕瓦罗蒂接受采访时，记者问他为什么那么会唱歌，他说了一个自己的故事。

在他刚开始演唱生涯时，常常在各地巡回表演。有一晚在旅馆里，他被隔壁房间婴儿的哭闹声吵得无法入睡，想到第二天的演唱，他苦恼不已。

这个孩子一直哭了3个小时都没有停，刚开始他简直受不了，但不久他突然发现：这个孩子哭了那么久，声音居然一直很洪亮，自己平时唱歌，大约一个小时后，声音就要沙哑了。这是为什么呢?

这个发现使他兴奋起来，他不再烦恼，也不再想入睡，索性坐了起来，仔细听孩子如何哭。他发觉孩子不单是用丹田发声，而且哭到声音快破的临界点，会把声音拉回来，所以声音才不会破掉。

他就用心去体验这种歌唱方式，结果变成了伟大的歌唱家。

[书外人语] 上帝将许多规律巧妙地藏在各个意想不到的地方，只有热爱自己的专业且随处留心的人才能发现。

踏上回家的路

| 王开岭

1999年，曼德拉向全世界宣布，自己将向总统一职永远告别，不再参加下一届竞选。要知道，这项珍贵的领袖桂冠是历经27年铁窗生涯后

才由民意赋予的，只要他轻微点一下头——或者不点头，只要不反对即可——就能丝毫不受訾议地继续留在这个位置上。但他说：我老了，该回家了。

这句像黑皮肤一样平静而朴实的话，一经说出，立即将南非带入了巨大的心灵寂静之中。它感动了非洲，也震颤着整个地球。在这个为权力争夺而血肉横飞的20世纪末，若非亲眼目睹，谁会相信胜利者主动弃职的事呢?太不可思议了，打江山者坐江山、夺天下者主天下、谁斗争谁当权——就像“谁投资谁收益”一样，早就成了天经地义的国际惯例。

和一些双目枯陷、风烛残年的“孤家寡人”相比，曼德拉简直就像一个刚刚越野归来的长跑健将，看上去发如烈火、肌肉虬实，仿佛一尊雄狮雕像。但他坚持让人们相信：我老了……

6月，在南非行政首都比勒陀利亚，举行了“欢迎姆贝基、送别曼德拉”的“人民音乐会”，在这个具有经典精神意义的仪式上，成千上万的南非国民手举烛光，热泪盈眶，自发唱起了雄壮的《曼德拉之歌》……通过电视直播，这幅“心灵海洋”的感人场面传遍了全世界，人们无不为之动容，并陷入沉思。

不仅在黑人大陆，乃至全地球，曼德拉都是深受爱戴的英雄，他的贡献和精神是世界性的。人们对他的感情与信赖超越了地域、民族、肤色、宗教的界限，视其为“人”的榜样、人类的勇士。

曼德拉出生于南非一个天然的酋长家庭，假如说这种贵族身份曾带给他什么好处的话，那就是提供了他读书和获得理性知识的机会。然而，为了“永不统治和压迫别人”，他主动放弃酋长继承权，投身于黑人解放运动而矢志不移。在阴暗潮湿的罗本岛监狱，他说:“在那些漫长而孤独的岁月中，我对自己人民获得自由的渴望，变成一种对所有人——白人和黑人都获得自由的渴望。”为了换来不流血的和平民主，他顶住黑人解放阵线内部的强大压力，坚持与政敌进行马拉松式的多党谈判，团结一切力量，以化解种族怨结；他非但不支持“把白人赶进大海”，反而呼吁黑人“将武器扔到海里去”！他不计前嫌，与德克勒克为首的白人势力共同推动南非和平进程……奇迹终于出现，一场内战得以避免，罪恶的种族隔离制度被彻底清除，南非首次实现了多种族平等大选。南非曾是世界上种族冲突最激烈的地区，但在曼德拉的坚决倡导下，新南非并没有沿袭“纽伦堡”式的国际审判方式处理历史宿怨问题，而是成立了“真相与和解委员会”……

可以说，没有曼德拉这位对和平锲而不舍的斗士，没有这种海纳百川、高瞻远瞩的博大胸怀与“精卫”信念，今日南非会不会仍像卢旺达、刚果、莫桑比克、巴布亚新几内亚那样沉浸在哀鸿遍野、骷髅曝日的硝烟血腥之中则很难说。没有曼德拉这位甘地式的圣雄，就没有新南非——至少不会这么快就诞生新南非！这是毫无疑问的。

为了向继任者表达自己的敬意和支持，在庆祝晚会上，曼德拉偕夫人特意比姆贝基夫妇提前5分钟到场（按南非礼仪，总统应最后入场），他微笑着说，自己现在只是一名普通百姓，理应如此。从“酋长”到战士，从战士到囚徒，从囚徒到总统，再从总统到平民，历经这一环环惊险卓绝的递进与还原，曼德拉终于完成了历史赋予他的神圣使命，完成了对这个国家应尽的义务……他表示，他渴望回到自己的家乡，过一种宁静的田园生活，在那里，一直到死……

比起5年前的就职仪式，我想，曼德拉的卸任场面更能深刻而明亮地镌刻在世人心中。有时候，一个人离去的背影甚至比其迎面走来更显辉煌、更令人震撼和激动。

[书外人语] 在历史的长河中，镌刻着一串闪光的名字：甘地、林肯、拉宾、曼德拉……他们对人类自相残杀的暴力深恶痛绝，对权力亦无所求，只是用自己的全部生命去追求和平。他们是全人类共同的骄傲。

那份情义永在心底

丨殷 卫

看了一期《鲁豫有约》，请来的嘉宾是小香玉。

小香玉谈了很多学艺的往事，但谈得最多的还是她一手创办的艺术学校，说起其间的种种坎坷，她提到了一件令她一生难忘的往事。

那是在几年前，小香玉带着110个孩子为当年的春节晚会精心准备了一个节目《中国鼓》。为了这个节目，她领着一大群孩子，克服了一系列物质上的困难，苦练了大半年，又经过无数次修改，终于通过了春节晚会节目组的审查，得到了上晚会的通知。

小香玉和孩子们欣喜若狂。她带着那一百多个孩子，和那面巨大的鼓去了北京，只等着将这个节目献给全国的观众。然而，在那年的春节晚会进行到一半左右的时候，晚会的导演找到她，当时她正和孩子们做上台前的最后准备，导演告诉她，因为前面的节目超时三分多钟，恰好与她的节目时间相当，为了晚会的大局。她的《中国鼓》很可能要拿下。小香玉说当时的她真是欲哭无泪，她想到的其实不是自己，而是那110个为了这个节目付出了巨大努力的孩子，她觉得对不起他们。

为了孩子，她和她的助手开始向每一位即将上台表演的明星求情，恳求他们看在孩子的份儿上，尽量将表演时间压缩一下，哪怕只有几秒钟，积少成多，就可以让孩子们的心愿实现。在她们费尽了口舌、几近绝望的时候，即将登台表演的赵本山知道了此事，他对小香玉简单地说了一句:“别着急，为了孩子们，我想办法。”

最后，赵本山从自己的节目里挤出了宝贵的几分钟，使得小香玉和她的孩子们顺利登上了舞台，那个节目还赢得了满堂喝彩。小香玉说，她对赵本山充满了感激。作为一个正当红的演员，又是一个不知多少人都想上的晚会，况且导演组本来是特许他的节目可以超时的，在这样的情况下，他将宝贵的表演机会让给了一群孩子。她说她一直没有机会当面向赵本山说一个“谢”字，然而那份情义却永在心底。

看到这里，我被深深地感动了。说实话，我看过不少赵本山的小品，觉得幽默有趣，挺喜欢，仅此而已。但因为这件事，他在我心里的地位一下子不一样了。也许真的是这样：令人肃然起敬的，往往不是一个人的能力、学问或其他，而是他的品格与德行。

［书外人语］德艺双馨，这实在是作为一个艺人最应该铭记在心的格言。

我代表我的祖国

1919年到1927年，徐悲鸿在欧洲留学。那时，中国留学生在外国，不仅经济上困难，而且政治上受歧视。有个洋学生向徐悲鸿挑衅说：“中国人愚昧无知，生来就是当亡国奴的材料，即使是把你们送到天堂里去深造，也成不了才。”这话激怒了具有满腔爱国热血的徐悲鸿，他严肃地说：“那好，我代表我的祖国，你代表你的国家，等学习结业时，看到底谁是人才，谁是蠢材！”从此，徐悲鸿怀着为我中华民族争光的坚定决心，刻苦努力，经常到罗浮宫、凡尔赛等巴黎各大博物馆临摹世界名作，一去就是一整天，不到闭馆的时间不出来。

有志者事竟成。徐悲鸿进入巴黎国立高等美术学校的第一年，他的油画就受到法国艺术家弗拉蒙先生的好评。接着，在数次竞赛考试中，他都获得了第一名。1924年，他的油画《远闻》、《帐望》、《萧声》、《琴课》等在巴黎展出后，轰动了巴黎美术界。这时，那个曾向他挑衅的洋学生，不得不承认自己不是对手。

［书外人语］为尊严而战，往往能创造出惊人的奇迹。

莫扎特的创意

有个少年问莫扎特怎样写交响乐。

莫扎特回答道:“您写交响乐还太年轻，为什么不从写叙事曲开始呢?”少年反驳道:“可是您开始写交响乐时才10岁呀?”

“对，”莫扎特回答道，“可那时候我没有问过谁交响乐该怎样写。”

莫扎特是海顿的学生。有一次他和老师打赌，说他能写一有曲子，老师准弹不了。

海顿自然不相信。莫扎特用了不到5分钟，就匆匆地把乐谱稿子写完，送到海顿的面前。

“这是什么呀?”海顿弹奏了一会儿后惊呼起来，“我的两只手分别弹向钢琴的两端时，怎么会有一个音符突然出现在键盘的当中呢?这是任何人也弹不了的曲子。”

莫扎特微笑着在钢琴前坐下，当弹到那个音符的时候，他弯下身来，用鼻子弹出了那个音符。

[书外人语] 刻苦努力固然重要，但创意思维的培养同样不可小觑。只要愿意，谁都能做到刻苦努力，但创意思维却不是任何人都能轻易拥有的。

话不要说绝

古希腊哲学家阿那克西米尼出生于中亚的莱普沙克斯。他对故乡有深厚的感情。有一次，他跟随亚历山大远征波斯，军队占领莱普沙克斯时，他急于想拯救他的故乡，使它免遭兵损。

一天，他为此进谏国王。可亚历山大早就知道他的来意，未等他开口便说:“我对天发誓，决不同意你的请求。”

“陛下，我请求您下令毁掉莱普沙克斯!”哲学家大声回答说。

莱普沙克斯终因他的智慧幸免于难。

[书外人语] 话不能说绝。阿那克西米尼应变的智慧固然令人佩服，但如果不是亚历山大帝说的太绝，恐怕他也很难立此大功。类似的例子在生活中比比皆是，因此这个故事所蕴涵的道理更值得我们深思。

你准备好了吗

| 一 佳

1989年，柏林爱乐乐团首席指挥赫伯特•冯•卡拉扬突然逝世。柏林爱乐乐团素有“世界第一交响乐团”之称，而它的首席指挥也素有“世界第一指挥”之称。团不可一日无“主”，柏林爱乐乐团很快决定聘请英国著名指挥家西蒙•拉特尔担任首席指挥。当拉特尔接到柏林爱乐乐团的聘任书时，感到很兴奋，也很惊讶。要知道，柏林爱乐乐团首席指挥的位置几乎是所有指挥家所向往的。但是，在短暂的兴奋之后，拉特尔却拒绝了柏林爱乐乐团的邀请。他对前来送聘书的负责人说：“柏林爱乐乐团是以演奏古典音乐而闻名于世的，而我对于古典音乐这门神圣的艺术的理解还不够透彻，如果我接受你们的邀请，恐怕不能带领柏林爱乐乐团迈上一个台阶，反而会起到阻碍作用。”由于拉特尔的执意拒绝，柏林爱乐乐团只好请了另一位著名的指挥家克劳迪奥•拉巴多做了首席指挥。

拉特尔的拒绝令许多人不解，有些英国人认为拉特尔不敢接受挑战，丢了英国人的脸。英国的《太阳报》上发表了一篇文章，标题是“拉特尔没能为英国人民带来荣誉”。对此拉特尔并不介意。他说：“再好的机会，如果你没有能力把握，那么还是放弃为好。”这之后，他默默地去学习去研究古典音乐。经过十年的努力，拉特尔以对古典音乐的不懈追求和透彻理解及自己精湛的指挥和表演一次次取得了成功，令听众倾倒。当然，他也再一次得到了柏林爱乐乐团的青睐。当卡拉扬的继任者拉巴多光荣退休之后，拉特尔再一次接到了柏林爱乐乐团的邀请。这一次，拉特尔没有丝毫惊讶，也没有丝毫犹豫，毅然接受了邀请。他说：“我现在准备好了，我有信心把柏林爱乐乐团带到一个新的高度。”拉特尔登上了“世界第一指挥”的宝座，他以自己出色的指挥带领柏林爱乐乐团创造了音乐史上一个又一个奇迹，带领柏林爱乐乐团迎来了一次又一次辉煌。他成为柏林爱乐乐团的骄傲，也成为全英国人的骄傲。2002年6月，在一次演出之后，在场的英国首相布莱尔对拉特尔说：“你的两次选择都是无比正确的，你是英国人的骄傲。”

［书外人语］人贵有自知之明，没有金刚钻，就不要揽瓷器活。同理，如果你有了那种实力，也就不要过于谦虚。

小桌呼朋三面坐留将一面与梅花
子恺画

◉ 第二辑

[天使之爱]

恩　情

缠枝莲

我和他之间不是很和睦，甚至，有点儿水火不容。

他是一个出租车司机，有很多坏习惯，抽烟酗酒说粗话。去开家长会便是我最尴尬的事情，那时我会说谎，说我的家长没空，老师知道我在说谎，但没有点破我。

因为他，我也沾上了不少的坏习惯，比如从十六七岁就开始抽烟、喝酒、打架、早恋，无数次被叫家长。他平时很厉害，但在我们老师面前却中规中矩地站着，像犯了错误的孩子。老师说，没娘的孩子就是不行，邻居们也这么说。好多奶奶给我包子、饺子吃，也有人给他说过对象，最后都黄了。

他脾气不好，挣的钱也不多，有时候还去赌，我们俩的生活可想而知。

我很少叫他爸爸，总是说："哎……"

"哎"是他的名字，他骂我，小兔崽子。

我逃学会遭到他的毒打，打得我皮开肉绽，他骂我不上进，一定是长大了也想开出租车看人家脸色。

我学习不好，打了架让他去给人家赔礼。我妈死得早，他说我半岁时妈就死了。没有女人的家哪里像家？我们在一起没有吃过饺子，甚至过年也不吃，他不会包，我们只吃馒头炒小菜。他不会缝衣服，我的衣服坏了他常常请院子里的邻居帮忙，最常帮忙的是二寡妇。

我总怀疑他和二寡妇有一腿，因为二寡妇有两个孩子，就是给人做做零活。有人给他们撮合过，但二寡妇不同意。她说，我可不能再嫁给没能耐的男人了，要嫁就嫁给有钱人。但她包了饺子会给我们父子端过

来。我很烦他们的关系，因为有邻居指指点点，后来，我砸过二寡妇家的玻璃。

我18岁，他逼着我去当兵，说我再混下去就进监狱了。我心不甘情不愿地去了。

他依然在开出租车，依然一个人，我们之间就是书信来往。他的字很丑陋，像他的人。好在我不随他，别人都说我不像他的儿子，我想我可能是随我妈吧。

三年后，我提了干，报考了军官学校，他来信说，好小子，终于上道了。

我上了军校后，知道心疼他了，给他寄酒寄烟。他说，小子，没白养你。我25岁那年，他得了脑癌。我回家接他，要带他到大城市治疗，他死活不去。他拉着我的手说，儿子，别费事了，我知道自己再花多少钱也没救了，给你留着钱买房子娶媳妇吧。

我陪着他，他给我说我小时候的笑话，说因为我没妈，还曾让我吃过他的乳房，说着他嘿嘿地笑，我却要哭。他还说我太不是东西，常常把人打得找上门来，他还要给人赔罪……

总之，我没少给他惹事。我说我对不起您，最大的遗憾是没给您找个老伴，如果有个老伴，您也许不会得这个病，也许不会这么寂寞。他却从来没有埋怨过我，说因为我这个坏小子活得更有滋有味了，他说如果有来生，还让我们做父子吧。

3个月后他去世，留给我一张10万块钱的存单和一封信。

那存单，是他一辈子的心血。那封信，是薄薄的一张纸，上面写着我的生辰八字，也写着让好心人收留我后好好养着，看得出，那好像是一个女子的笔迹。随后是他的字，很难看，他写道，小儿拾于第一医院门口，正啼哭；从此，我命中有子了。

我恸哭，28年，我才知道我不是他的儿子，而我一直和他对峙，不肯叫他爸爸，以他为辱，因为我一直以为他是世上唯一的亲人，我可以

和他吵和他闹，可以叫他“哎”，但是，我没想到他不是我的亲人，我们之间没有任何血缘关系。

在纸条的最后他写道：别怪我，我一直不想告诉你，因为在我心中你应该是我的儿子。

我的眼泪落得急，爸爸，我叫着，爸爸——可惜他再也听不到了，这一辈子的恩情，我怎么能报答您？

［书外人语］天地悠悠，总有许多恩情让我们魂牵梦绕，却难以回报，这是我们心底永远的痛。

祈　祷

李燕翔

几天来吃饭时喉部常常有火辣辣的痛感。在母亲的反复催促下，妻子陪我在街道卫生所里做了一次检查。检查结果让我目瞪口呆，医生称我患上了致命的“喉癌”。当时我眼前一黑，万念俱灰。神情恍惚地回到家，强打精神对母亲称没有什么大事。在判处死刑缓期执行的日子里，我躺在床上靠数屋顶的椽子打发日子。

尽管我把病情对母亲守口如瓶，可时间不长母亲还是知道了真相。年近八旬的老母亲抱着我哭哑了嗓子……唉，眼看着白发人要送黑发人了。

从那以后，每天晚上母亲都跪在她供奉的菩萨面前为我祈祷。见此，我滴血的心头像撒了把盐。那天，我躺在床上发呆，两眼红肿的妻子来到床前，吞吞吐吐地对我讲母亲这几天不吃不喝好像患病了。我一听就急了，来到母亲面前提出要陪她去医院看病。她听后连连摆手拒绝。我明白，她不忍再给已负债累累的家庭增加经济负担。夜里，我含泪向妻子提出了陪母亲去市医院看病，有生之年再尽最后一次孝的要求，妻子含泪点头。第二天早晨，妻子谎称去市医院给我看病，想让母亲陪着一块儿去，母亲果然中计。到医院后，怕母亲看出什么破绽，我硬着头皮先做了一次检查，才哄着母亲做了一次细致的体检。

下午检查结果都出来了，我抓过来一看惊呆了：我患的是咽炎而不是喉癌，母亲却患有胃癌。母亲知道化验结果后，跪在医院的院子里老泪横流："谢谢菩萨成全……"见母亲在地上长跪不起，妻子抽泣着对我说："自从你病后，妈每天晚上都向菩萨祈祷，把你的病转到她身上……"她从口袋里掏出一把黄纸条："你看这些都是母亲让我写好供她焚烧的。"我抓过那纸条展开看去，黄纸红字格外醒目：菩萨显显灵，母命换子命。

[书外人语] *是菩萨显灵吗？如果是，应该是被母亲深深的爱子之心所感动吧？*

天使的吻痕

[美]詹姆斯·摩尔 荣素礼编译

大学时代，我认识了一个年轻人，他脸上有一块巨大而丑陋的胎记。紫红的胎记从他的左侧眼角一直延伸到嘴唇，好像有人在他脸上竖着划了一刀。英俊的脸由于胎记而变得狰狞吓人。但外表的缺陷掩盖不了这个年轻人友善、幽默、积极向上的性格，凡是和他打过交道的人，都会不由自主地喜欢上他。他还经常参加演讲。刚开始，观众的表情总是惊讶、恐惧，但等到他讲完，人人都心悦诚服，场下掌声雷动。每当这时，我都暗暗叹服他的勇气。那块胎记一定曾带给他深深的自卑，并不是每个人都能克服这么严重的心理障碍，在众人惊疑的目光里言谈自如。

我们成为最好的朋友后，有一天，我向他提出了藏在心里的疑问："你是怎么应付那块胎记的呢？"我言下之意是：你是怎么克服那块胎记带给你的尴尬和自卑的？他的回答我一辈子也不会忘记。

他说："应付？我向来以它为荣呢！很小的时候，我父亲就告诉我：'儿子，你出生前，我向上帝祷告，请他赐给我一个与众不同的孩子，于是上帝给了你特殊的才能，还让天使给你做了一个记号。你脸上的标记是天使吻过的痕迹，他这样做是为了让我在人群中一下子就能找到你。当看到你和别的婴儿一起睡在婴儿室里时，我立刻知道，你是我的！'"

他接着说："小时候，父亲一有机会就给我讲这个故事，所以我对自己的好运气深信不疑。我甚至会为那些脸上没有红色'吻痕'的孩子难过。我当时以为，陌生人的惊讶是出于羡慕。于是我更加积极努力，生怕浪费上帝给我的特殊才能。长大以后，我仍然觉得父亲当年没有骗我：每个人都从上帝那儿得到特殊的才能，而每个孩子对父母来说都是与众不同的。而正因为有了这块胎记，我才会不断奋斗，取得今天的成绩，它何尝不是天使的吻痕、幸运的标记呢！"

[书外人语] 这位年轻人是幸运的，不是因为他有这块胎记，而是因为他有这样一位好父亲。

母亲的牙托

晓 肖

父母是在我读初中时离异的。父母离异后，我随了母亲。其实在一定程度上，父亲走这一步，就在于母亲一天到晚的唠叨。后来我才知道，母亲得了一种属于更年期引起的多语症。离婚后的母亲依旧整天唠叨个不停，特别是在我上学前、放学后，因为有了我这个“倾诉”的对象，母亲唠叨起来更是没完没了。我不止一次地请求母亲住嘴，但无济于事。后来母亲意识到这是病症后，也曾经到医院就诊，但因无特效药，母亲的唠叨还是时好时坏。那年中考，一向成绩优异的我没有考上重点高中！这一结局把母亲惊呆了。

高一开学后的一个星期天，母亲突然由唠叨变得一言不发，我和她讲话，她总是把背对着我，不理我。看到母亲一反常态，我吓坏了，以为她受了刺激精神失常，便多了个心眼留神观察。我看到母亲嘴里经常鼓鼓的，像是含了什么东西，便拉着母亲问。母亲被逼不过，只得张开了嘴：原来母亲在嘴里含了一副拳击运动员专门用来护齿的牙托！母亲说，为了改掉唠叨的毛病，她尝试了许多种办法，最后选用牙托塞嘴这个办法。“我就是做哑巴，也要改掉这个坏毛病！”母亲充满信心地说。母亲的行为深深地打动了我，每当我学习倦怠时，每当我遇到学习中的拦路虎时，就会想起母亲的牙托！于是，就勇气倍增。在这种亲情动力的驱动下，三年后的我创造了普通高中考上清华大学的奇迹。

或许就在我发现母亲不说话的秘密的那一天，我才真正了解了母亲。因更年期引起的多语症确实没有什么特效药可治，然而在伟大的无私奉献的母爱面前，它却显得是多么的不堪一击！一副小小的牙托竟能发出如此化腐朽为神奇之伟力，多年后的我仍不禁为母亲的煞费苦心和顽强毅力所感动。

［书外人语］一个人肯为你煞费苦心，不惜种种辛苦，只有一个原因——他(她)深深爱你。

平分生命

男孩与他的妹妹相依为命。父母早逝，他是她唯一的亲人。所以男孩爱妹妹胜过爱自己。

然而灾难再一次降临在这两个不幸的孩子身上。

妹妹染上了重病，需要输血。但医院的血液太昂贵，男孩没有钱支付任何费用，尽管医院已免去手术的费用。但是不输血又不行，不输血妹妹就会死去。

作为妹妹唯一的亲人，男孩的血型与妹妹相符。

医生问男孩是否勇敢，是否有勇气承受抽血时的疼痛。

男孩稍一犹豫，10岁的大脑经过一番深思熟虑，终于点了点头，郑重而又严肃地点头，仿佛作出了一个极其重大的决定，脸上洋溢着勇气与责任的神情。

抽血时，男孩安静地不发出一丝声响，只是向邻床上的妹妹微笑。

抽血后，男孩躺在床上一动不动，目不转睛地看着医生将血液注入妹妹体内。

一切手术完毕，男孩停止了微笑，声音颤抖地问："医生，我还能活多长时间？"

医生正想笑男孩的无知，但转念间又被男孩的勇敢震惊了：在男孩10岁的大脑中，他认为输血会失去生命。

但他仍然肯输血给妹妹，在那一瞬间，男孩所作出的决定付出了一生的勇敢并下定了死亡的决心。

医生的手心渗出了汗，他握紧了男孩的手说：“放心吧，你不会死的。输血不会丢掉生命。”

男孩眼中放出了光彩：“真的？那我还能活多少年？”医生微笑着，充满爱意：“你能活到100岁，小伙子，你很健康！”

男孩从床上跳到地上，高兴得又蹦又跳。

他在地上转了几圈确认自己真的没事时，就又挽起了胳膊——刚才被抽血的胳膊，昂起头，郑重其事地对医生说：“那就把我的血抽一半给妹妹吧，我们两个每人活50年！”

所有的人都被震惊，这不是孩子无心的承诺，这是人类最无私最纯真的诺言。

同别人平分生命，即使亲如父子，恩爱如夫妻，又有几人能如此快乐如此坦诚如此心甘情愿地说出并做到呢？

所有的人，是的，包括医生，包括护士，包括其他的病人，还包括在尘世间日益麻木并且冷漠的我们。

[书外人语] 和爱的人平分生命，你能做得到吗？

天使之爱

| 胡平

我的妻子爱珍是冬天去世的，她患有白血病，只在医院里挨过了短短的三个星期。

我送她回家过了最后一个元旦，她收拾屋子，整理衣物，指给我看放证券和身份证的地方，还带走了自己所有的照片。后来要和女儿分手了，一岁半的雯雯吃惊地抬起头望着母亲:“妈妈，你要到哪里去?”

“我的心肝，我的宝贝。”爱珍跪在地上，把女儿抱住，“再跟妈妈亲亲，妈妈要出国。”

她们母女俩脸贴着脸，爱珍的脸颊上留下两行泪水。

一坐进出租车里，妻子便号啕大哭起来，身子在车座上匍匐滑动，我紧紧地把她搂在怀里，嘴里喊着她的名字，等待着她从绝望中清醒过来，但我心里明白，实际上没有任何女人能够比她做得更坚强。

妻子辞别人世20多天后，从海外寄来了她的第一封家书，信封上贴着邮票，不加邮戳，只有背面注有日期。我按照这个日期把信拆开，念给我们的雯雯听:“心爱的宝贝，我的小雯雯：你想妈妈了吗？妈妈也想雯雯，每天都想。妈妈是在国外给雯雯写信，还要过好长时间才能回家。我不在的时候，雯雯听爸爸的话了吗？听阿姨的话了吗?”

这些信整整齐齐包在一方香手绢里，共有17封，每隔几个星期我们就可以收到其中的一封。信里爱珍交代我们按季节换衣服，换煤气的地点，以及如何根据孩子的发育补充营养等等。读着它们，我的眼眶总是一阵阵发潮。

当孩子想她妈妈想得厉害的时候，爱珍温柔的话语和口吻往往能使雯雯安静静地坐上半小时。逐渐地，我和孩子一样产生了幻觉，感到妻子果真是在日本，并且习惯了等候她的来信。

第九封信里，爱珍劝我考虑为雯雯找一个新妈妈，一个能够代替她的人。“你再结一次婚，我也还是你的妻子。”她写道。

一年之后，有人介绍我认识了现在的妻子雅丽。她离过婚，气质和相貌上都与爱珍有相似之处。不同的是，她从未生育，而且对孩子毫无经验。我喜欢她的天真活泼，唯有这种性格能够冲淡一直笼罩在我心头的阴影。我和她谈了雯雯的情况，还有她母亲的遗愿。

“我想试试看，”雅丽轻松地回答，“你领我去见见她，看她是不是喜欢我。”

4月底，我给雯雯念了她妈妈写来的最后一封信，拿出这封信的时间与上一封信相隔了6个月之久。“亲爱的小乖乖：告诉你一个好消息，妈妈的学习已经结束了，就要回国了，我又可以见到你爸爸和我的宝贝女儿了！你高兴吗？这么长时间了，雯雯都快让妈妈认不出来了吧？你还能认出妈妈吗？”……

我注意着雯雯的表情，使我忐忑不安的是，她正在专心一意地为狗熊洗澡，仿佛什么都没听到。

我欲言又止。忽然想起雯雯已经快三岁了，她渐渐地懂事了。

一个阳光明媚的星期日，我陪着雅丽来到家里。

“雯雯，”此刻我能感觉到自己声调的颤抖，“还不快看是不是妈妈回来了？”

雯雯呆呆地盯着雅丽，尚在犹豫，谢天谢地，雅丽抱住了雯雯：“好孩子，不认识妈妈了？”

雯雯脸上的表情瞬息万变，由惊愕转向恐惧，我紧张地注视着这一幕。接着……孩子丢下画报，放声大哭，她用小手拼命地捶打着雅丽的肩膀，终于喊出声来：“你为什么那么久才回来！”

雅丽把她抱在怀里，孩子的胳膊紧紧挽住她的脖子，全身几乎痉挛。雅丽看了看我，眼睛里立刻充满了泪水。

“宝贝儿……”她亲着孩子的面颊说，“妈妈再也不走了。”

这一切几乎都是孩子的母亲一年半前挣扎在病床上为我们安排的。

［书外人语］文中的小女孩一定会幸福的，因为她的妈妈已化身天使，在远方遥望着她，守护着她。

弱者的坚强

| 邱文彬

电视里正在播放新闻：某市的一辆公交车上，两名歹徒手持凶器进行威胁，声称谁动就杀谁。然后抢走车上所有乘客的钱物，扬长而去。整个过程中，没有一个人出来反抗。

坐在电视机前的儿子看完新闻就问他的母亲："妈，他们怎么不出来反抗呢？"

母亲告诉儿子："孩子，手无寸铁的人是弱小的。"

儿子望着母亲点了点头。

后来，报纸又报道了某青年挺身而出，手无寸铁勇斗歹徒。虽然被歹徒连捅了几刀，但仍然抓住歹徒不放，最后终于擒获了残忍的歹徒。

儿子就反问妈妈："妈，你不是说手无寸铁的人是弱小的吗？"

母亲就说："但是无畏的人是强者，怕死的人是弱者。"

儿子又望着母亲点了点头。

再后来，母亲带儿子出去玩。在一辆公交车上，遭遇了歹徒。他们从母亲的怀里夺过孩子，手持尖刀对着他，并威胁乘客交出钱物，否则就让孩子见血。

母亲看着自己的儿子在尖刀面前瑟瑟发抖地望着她，一个劲儿地哭喊："妈——妈——"这时候，惊人的一幕发生了：只见那位母亲猛地冲了过去，用力支开歹徒的手，夺过儿子，然后猛地把他推倒在地，虎视眈眈地看着那几个歹徒。歹徒见势不妙，鼠窜而逃。

事后，儿子问母亲："妈，你不怕死吗？"

"怕死啊，妈肯定怕死啦。"

"那——你不是说怕死的人是弱者吗？"

母亲便语重心长地说:“但是——爱的力量是最强大的啊!”

[书外人语] 的确，在爱面前，没有战胜不了的东西，爱，能创造任何奇迹。

有一种情感永不泯灭

| 方冠晴

这是一个真实的故事。

一个妇女，她的儿子三岁那年，被人贩子拐走了。她受不了这个打击，精神崩溃，神经错乱，半疯半傻的。她有时候很平静，有时候见人就打，见东西就摔，弄得家里不得安宁。家里人实在没有办法，将她送进了市郊的精神病医院。

妇女入院的第三天，就从精神病医院跑了出来。离精神病医院不远，有一家乡里办的鞭炮厂，此时正接近中午，大门口的保安恰好进屋去接一个电话，就在这一会儿的空当，疯女人跑进了厂里。她径直闯进了生产车间，顺手抓起一些东西就往地上摔，等车间里的几个工人和保安跑来制止她时，她正举起一个小铁箱，要往地上摔。几个工人和保安看到这个场面顿时都吓傻了，一个个目瞪口呆，甚至忘了往外逃跑。因为这个病女人举起的小铁箱，是一箱用来做鞭炮的火药，这箱火药一落地，强烈的撞击很可能会引起火药的爆炸。而这箱火药一爆炸，一定会引发周围更多成品和半成品的爆炸，后果不堪设想!

这时，有人反应过来向她叫喊:“放下它！放下它!”可是疯女人只是看了他一眼，反而更高地举起了火药箱。保安急得大叫:“别动！那是火药，摔下来，你自己也会没命的!”但疯女人显然不明白他们的话，

看着他们又格格格地笑起来。

情况万分危急！保安和工人们想拼命冲上去，夺下疯女人手中的火药箱，但他们又不敢动，怕这样做反倒激发这个疯女人迅速把火药箱扔下去！眼看着一场惨烈的灾难就要发生了，车间里的人们纷纷跑出来，往工厂的大门外跑。就在这时，一直在追寻疯女人的精神病医院的医生赶到了，医生看到这些工人一边跑一边大城大叫:“疯女人要摔炸药了……”医生从这个混乱的场面和人们惊慌失措的咸叫声中猜到疯女人可能在这个鞭炮厂里，医生立即冲进了厂里并迅速冲进了车间。果然不出所料，医生看见几个工人远远地围着那个疯女人，而那个疯女人的手中正举着一个小铁箱，医生顿时意识到那个小铁箱的危险性和重要性，说时近那时快，医生灵机一动立即冲病女人叫了起来:“别摔坏了你的孩子！”

医生刚说出这句话，只见那个疯女人顿时愣住了，她睁大一双无神的眼睛，直直地看着医生，那箱火药却仍举在头上，没有立即落下。医生又大声而和蔼地说了一句:“你手上举的是你的孩子。”

疯女人的神情立即安定了许多，她将举在头顶的火药箱放了下来，紧紧抱在怀里，低头打量着怀里的东西。就在这一瞬间，保安和工人们冲了过去，夺下了那箱火药。

所有在场的人都松了一口气，这时，有两个人紧紧抓住了疯女人就往外走，而疯女人还在呜呜吼叫着要抢回那个小铁箱，一场重大的血腥的灾难就这样避免了！人们把目光投向了那位医生，人们感激他，又钦佩他。在他们看来，医生“别摔坏了你的孩子”和“你手上举的是你的孩子”这两句意思一样的话具有无比神奇的力量，因为疯女人什么话也听不明白，也听不进去，却“听懂”了这两句话的“含义”。

医生一边告诉人们把疯女人送回精神病医院去，一边对大家说：我能说出这样两句管用的话，是因为我知道她的病根，我能找到她心灵深处最牢固，也是最能唤起她的记忆的一丝东西——那就是她当年丢失孩子的苦痛和她对自己孩子的深厚的母爱。虽然她现在疯了，她神经错乱了，但是她有时候是平静的，她还没有病到完全丧失母爱的程度，只要那一丝尚未泯灭的母爱还存在，她的病还是有希望治好的。

是的，不管是什么人，只要他还有一点点爱心，就能启动他的心扉，唤醒他爱的本能，就可以制止他的“疯狂”和“错乱”，就可以让他学会“理智”和“善良”……

[书外人语] 惠特曼曾经说过：“全世界的母亲多么的相象！他们的心始终一样。每一个母亲都有一颗极为纯真的赤子之心。”而这赤子之心，满是对孩子无私而执着的爱。

爱的方式

|云 娘

这是一个人人羡慕的家庭。父母在南方的一个大城市工作，两个人都是高级知识分子。他们唯一的儿子顺利考上北京大学，并且学的是最好的专业。对于他们，生活是那么完美。

转眼男孩上大二了。随着学识一同增进的，还有男孩完美的品格、健壮的体魄和得体的举止。

亲朋好友开始关心男孩的终身大事，经这么一提醒，父母亲觉得怎么这么大的事一直忽略了呢？打电话给男孩时，父母一气说了自己美好的愿望。不料电话那端传来男孩笃定的声音：你们别操心了，我有女朋友了。

儿子恋爱了？女孩是什么样的？和儿子相配吗？这一连串的问号搅得父母寝食难安，于是坐了飞机赶到北京。

父母见到了女孩，见到女孩的第一眼他们交换了一下眼色：女孩果然很普通、很一般，但也很斯文。在自己的父母面前，男孩毫不掩饰对女孩的疼爱，父母便愉快地结束了这次会面。

回到家，他们觉得，至少看起来女孩配不上自己的儿子。二十年来，对于儿子，他们第一次感觉到了困扰。不接纳女孩，阻挠儿子？可能儿子失去女孩的同时，他们也就失去了儿子。他们也就会从此远离了幸福安宁。

一天，两天，一个星期后，父亲终于做出了决定。他对妻子说："儿子爱的，我们也爱！他们俩是同学，一个是班长，一个是团支书，了解该是很深的，我们要相信儿子的选择。女孩看起来是很一般，但儿子爱她，就一定有值得爱的理由。"

果然，男孩郑重其事地写了信来，讲了关于女孩的两件小事。

女孩家在农村，家庭条件不富裕，但是女孩坦然地面对贫穷，朴素而刻苦。对同学友好温和，对误解不卑不亢。有一天，男孩请女孩吃饭，男孩已经明确地表示出对她的好感，所以特别渴望尽可能在物质上体贴女孩一点。但是，结账的时候，女孩仍然像以前那样掏出钱，笑着说："AA制。"男孩刚要推回女孩的钱，女孩用眼神制止了他。那眼神里，女孩克制、自尊、自爱的庄严情感令他肃然动容。

男孩女孩的学习都很努力。经常一大早到图书馆排队占位子。细心的女孩会一并把两人的午餐也准备好。两个饭盒：红的是女孩的，绿的是男孩的。饭菜简单却有足够的营养，男孩从来都是粗心地只管享受这份体贴，从没有发现什么异样。这一天早上，女孩忘了东西又回了寝室，男孩接过两个饭盒，站在图书馆门前等她。很偶然地，他打开了两个饭盒。

这一眼，他的心怦怦地跳动起来，就在那一瞬间，他认定了：这就是我要找的爱人。

饭盒里是两个相同的面包，不同的是绿盒的面包中间夹着厚厚的一块牛肉，红盒里的面包中间却什么也没有。对于家境贫寒的女孩来说，一块牛肉是她能默默奉献的全部的爱情。

儿子最后说：爸、妈，真正深邃绵长共度风雨的爱情，是超越了美貌、金钱和权势的。

读完信的父亲母亲完全消除了对儿子爱情的迷惑，心情恢复了往日的宁静。只是母亲觉得得做点什么，让儿子感觉到他们真心诚意的祝福，以及对女孩隐隐的歉意。

爱有多大的创造力？母亲终于有了一个主意：她给女孩宿舍的4个人每人寄了一个包裹，里面的东西一模一样，她坦然告诉女孩们：这只是一个同学母亲的心意，东西并不贵重，所以请她们不要介意。

儿子在电话里激动地说："爸、妈，我真感谢你们。"

于是每个月，女孩和她的室友会一起收到来自南方的包裹，有时是南方时令的水果，有时是女孩们喜欢的衣衫。每个月收到包裹的这一天，女孩的宿舍里就氤氲着浓烈的母爱的气息。

在北大网站的BBS上面，女孩以清丽的语言，写了一篇题为《母亲的包裹》的散文，感谢男孩的母亲以这样妥帖的方式，照顾了她的生活，更成全了她的情感和尊严。

男孩、女孩，父亲、母亲，爱得无我；爱得智慧，便有了丰盛如斯的收获。咀嚼着这段真实的情爱，世俗的心因感动而柔软。

［书外人语］是的，真爱是超越一切的。当然，也包括接受你爱的人所爱的一切。

永不缩回双手的父亲

| 叶倾城

几年前，武汉发生了一起火车与汽车相撞的事故。一辆早班的公共汽车搁浅在一个无人看守的铁路道口，驾驶员下车找水去了。此时正是正月，天寒地冻，十几名乘客都舒舒服服地呆在还算暖和的车厢里，谁也没有想到大祸将临。

没人留意到火车是几时来的，从远远的岔道。只能说，是呵气成霜的车窗玻璃模糊了众人的视线，而汽车马达的轰鸣和紧闭的门窗又隔绝了火车汽笛的鸣响。当发觉的时候，一切已经晚了。

一切都停止了，却突然间爆发出孩子的哭声。

那是一个大概两三岁的小孩子，就躺在路基旁边不远的地方，穿着整洁的红棉袄，一手揉着惺忪的眼睛，还不知发生了什么事，只一味哭叫:“爸爸，爸爸……”

有旁观者说，在最后的刹那，有一双手伸出窗外，把孩子抛了出来……

孩子的父亲，后来找到了。他身体上所有的骨头都被撞断了，他的头颅被挤扁了，他满是血污与脑浆的衣服已经看不出颜色与质地……

是怎么认出他的呢？因为他的双手仍对着窗外，还在做着抛丢的姿势。

[书外人语] 这讲的是一个父亲的故事，却应该让每一个做儿女的去读。有谁会为你无怨无悔地付出，不计一切代价？又有谁会在生死关头想着的只是你的安危？只有你的父母。好好去爱他们吧。

收集阳光

苏小蝉

那段时间很不如意，连抬头看天都是阴沉的。

我是午后在田野里闲逛时遇见那个小男孩的。他大约七八岁，拿一个玻璃瓶子在野地里来来回回地跑着。他单薄的衣衫被风吹得鼓鼓的，像是一张小帆。

他在做什么呢？按照我的常识，农村的孩了常捉蚂昨甚至蜻蜓装到瓶子里玩的。见我看他，小男孩气喘吁吁地停下来，用小手捂住瓶口。

瓶子里空无一物，他坏笑着说:“我要把太阳装进去。”然后，他一手捂住瓶子，一手从裤兜里掏出方便袋罩住瓶口，跑远了。这或许是乡下孩子特有的逗趣方式吧，毕竟可以玩的东西太少了。

几天后，我在朋友那儿遇见了小男孩，他邀请我去他家做客。光线在暗的屋里，小男孩正在用杯子往脸盆里不断地倒着水，演示他所学到的“飞流直下三千尺”。躺在床上的老人，是他的奶奶。我注意到床头的盛满清水的罐头瓶子里插着一大把雏菊之类的野花，馥郁着一种泼辣的原野气息。还有那个敞口的玻璃瓶子——是小男孩在野外拿的那一只。

老人得的是老年偏瘫，常年不能起床。可是医生说多晒阳光对身体有好处。他就在每天太阳最毒、阳光最多的时候，将阳光尽可能多地收进瓶子，然后放到奶奶的床头。他兴高采烈地说着，仿佛自己实践了世界上最伟大的一项发明。

真的，说也奇怪，虽然阴暗的房间里有常年卧床的病人，可并没有衰败、腐烂的气味。相反，还有些许明快的调子。或许是因那用心收集来的阳光吧。

听朋友说，小男孩的母亲患有痴呆，父亲外出打工。他和一个长他

两岁的姐姐操持着这个摇摇欲坠的家。可男孩还有那么响亮的笑声和那么美好纯真的愿望——收集阳光。

［书外人语］收集一缕阳光吧，只要你心中有爱，生活就永远充满希望。

最后一份晚报

| 魏振强

从一个饭局上下来时已是晚上九点多钟。头晕得厉害，又没有出租车，我只好顺着公园边上的环形路，深一脚浅一脚地往家走。走到一棵树下，一个影子忽然从树根下站起来，吓了我一跳。

借着路边的灯光，睁着蒙眬的眼睛看了看，是个女孩，十来岁的样子。我清了清嗓子，镇定一下情绪，正准备走，那孩子在我身后喊："叔叔，叔叔，你等一等。"我停下脚步，回过头来。

"叔叔，你能不能帮我在那个报亭买份报纸？"顺着她指的方向望去，前方50米的地方果然有个报亭。"买报纸？"我有些惊讶。"嗯，买张《××晚报》。"孩子边说边将一枚硬币放在我的掌心。我很诧异，心想：你怎么自己不去呢？但我没说出口。天这么黑，我一个大人，对孩子的这一点小要求不能不满足吧。拿着钱，我就过去了，将1元钱递给那个妇女，取了报纸，转身往回走。

那孩子还站在树底下。"你怎么站在树底下呢？"我问。"我怕被我妈妈看到。""你妈妈？你妈妈在哪儿？""就是那个卖报纸的。"我的酒醒了一大半。"你怎么从你妈妈那儿买报纸呢？"我怔怔地看着小女孩，问。

小女孩低头摩挲着手上的报纸，说："我晚上给她送饭时，她还剩下一份报纸，她说如果不卖掉，明天就没人买了。我在这里等了她一个小时，她肯定卖不掉了。"

我看着小女孩说不出话来的时候，她的妈妈已在收摊儿了了。小女孩把报纸往我手里一塞："叔叔，给你看吧。我回家了。"说完，她从树影展下跑开了。

[书外人语] 爱的表现方式不一定就多么伟大，多么不平凡，很多时候，爱只在一个小小的细节中体现。

母爱如佛

|斯 君

听说过这样一个故事——

从前，有个年轻人与母亲相依为命，生活相当贫困。

后来，年轻人由于苦恼而迷上了求仙拜佛，母亲见儿子整日念念叨叨，不事农活的痴迷样子，苦劝过几天，但年轻人对母亲的话不理不睬，甚至把母亲当成他的障碍，有时还对母亲恶语相向。

有一天，这个年轻人听别人说起远方的山上有位得道的高僧，心里不免仰慕，便想去向高僧讨教成佛之道，但他又怕母亲阻拦，便瞒着母亲偷偷从家里出发了。

他一路上跋山涉水，历尽艰辛，终于在山上找到了那位高僧。高僧热情地接待了他。席间，听完他的一番自述，高僧沉默良久。当他向高僧问佛法时，高僧开口道："你想得道成佛，我可以给你指条道。吃过饭后，你即刻下山，一路到家，但凡是遇上赤脚为你开门的人，这人就是你所谓的佛。你只要悉心侍奉，拜他为师，成佛又有何难?”

年轻人听后大喜，遂叩谢高僧，欣然下山。

第一天，他投宿在一户农家，男主人为他开门时，他仔细看了看，男主人没有赤脚。

第二天，他投宿在一座城市的富有人家，更没有人赤脚为他开门。他不免有些灰心。

第三天，第四天……他一路走来，投宿无数，却一直没有遇到高僧所说的赤脚开门人，他开始对高僧的话产生了怀疑。快到自己家时，他彻底失望了。日暮时，他没有再投宿，而是连夜赶回家。到家门时已是午夜时分。疲惫至极的他费力地叩动了门环。屋内传来母亲苍老惊悸地声音:“谁呀?”

“我，你儿子。”他沮丧地答道。

很快地，门开了，一脸憔悴的母亲大声叫着他的名字把他拉进屋里，借着灯光，母亲流着泪端详他。

这时，他一低头，蓦地发现母亲竟赤着脚站在冰凉的地上。

刹那间，灵光一闪，他想起高僧的话。他突然什么都明白了。

年轻人泪流满面，扑通一声跪倒在母亲面前。

我们苦苦寻找想要侍奉的佛，就是母亲，你想到了吗?

[书外人语] 我们总是把佛想象成无所不能的神，从而以狂热的心去寻觅。只是我们都忘了，其实，佛就是我们每个人心底深处最善良、美好的部分。都说佛在万事万物，在任何时空。其实，它只是化身成爱我们的人，陪在我们的身边，让我们去感受世间万物的美好。

无眠的爱

他经过几年的打拼，终于在城里买了一套两室一厅的房子，娶了一个贤惠的妻子，幸福地生活着。过年的时候，他把父亲与妹妹从乡下接到城里过节。房间不够，他决定与父亲共睡一张床，而让妹妹与妻子同睡。

晚上，父子俩长谈之后，就上床睡觉了。他没有马上睡去，而是强打精神，一直坚持到深夜，听不到任何声响，确认父亲已经睡去之后，才沉沉地睡去。因为他睡觉时总是鼾声如雷，为此妻子曾屡屡抱怨过，所以他同样怕吵得父亲不能入睡。

第二天早晨，父亲早早地起了床，一副精神抖擞的样子。妻子很懂事，问父亲是否睡好，父亲回答是肯定的。他想，这也不枉他一片苦心了。

早饭后，他们一起出去，父亲说不想出去，留在了家中。

才走了一会儿，他忽然想起自己忘了拿办公室的钥匙，于是返回到家中，一进门就听到客厅传来巨大鼾声。他看到沙发上沉睡的苍老的父亲，突然记起母亲生前也曾像妻子一样，常常抱怨父亲的鼾声，吵得她每晚都无法入睡……

原来彻夜无眠的不是他，而是他亲爱的父亲！

[书外人语] 善良孝顺的人竭尽所能地去向父母表达爱意。只是，再努力，我们也无法与父母对我们的爱相比。世间唯一一种不计回报、全心全意的爱，只有父母对儿女的爱。它可以让世间所有的感情黯然失色。

纸钢琴

女儿酷爱音乐。

每天清晨，当对面阳台上响起琴声时，她便痴痴地趴在阳台上静静聆听。她多想自己能有一架钢琴……不，哪怕能摸一摸，坐上去弹一次也好啊！

一天，父亲来到阳台，看到女儿趴在阳台上，手指在阳台上跳跃着，父亲便有了一桩心事。

女儿从没见过父亲买一件像样的衣服，穿在他身上的总是洗得发白的工作服。女儿知道应该铆足劲儿学习。她想，将来一定要考上音乐学院，那样，就可以天天弹钢琴了。

父亲似乎比以前忙了许多，每天很早出去，很晚回来，裹着身泥灰倒头便睡。

日复一日，女儿不知父亲为何如此拼命，却知道父亲的白发她已经再也数不清了。

年复一年，5年过去了。女儿考上了最好的高中。

父亲去银行取出了存款。一路上陶醉在喜悦中，却不知道背后跟着一双邪恶的眼睛。他来到商店，来到一架钢琴前。这是一架锃亮的立式钢琴，标价：一万八。“够了。”他想，于是叫来售货员。当他满心欢喜地将紧拽在手里的工具包打开时，一条被刀划开的口子凝结了他的笑容。

父亲茶饭不思，一下子憔悴了。担忧笼罩着女儿的眼眸。几天后，父亲拿出一样东西：一块木板，上面贴着厚纸，画着键盘。父亲说：“爸爸没用，本来想给你买架真钢琴的……”女儿第一次看到了父亲的泪水。“爸爸……”女儿不知道发生了什么，但她什么都明白。

她坐过去，十指轻快地跳跃在琴键上，周身沐浴着暖暖的父爱，心中响起父爱谱写的旋律，她泪流满面，如痴如醉。

[书外人语] 爱是不会依赖物质本身而存在的。不论是真钢琴，还是纸钢琴，里面凝结的爱不会少一丝一毫。

遇难者的第三个电话

当恐怖分子的飞机撞向世贸大楼时，银行家爱德华被困在南楼的56层。到处是熊熊的大火和门窗的爆裂声，他清醒地意识到自己已没有生还的可能，在这生死关头，他掏出了手机。爱德华迅速按下第一个电话。刚举起手机，楼顶忽然坍塌，一块水泥重重地将他砸翻在地。他一阵眩晕，知道时间不多了，于是改变主意按下了第二个电话。可还没等电话接通，他想起一件更为重要的事情，又拨通了第三个电话……

爱德华的遗体在废墟中被发现后，亲朋好友沉痛地赶到现场。其中有两人收到过爱德华临终前的手机信号，一个是他的助手罗纳德，一个是他的私人律师迈克，可遗憾的是，两人都没有听到爱德华的声音。他俩查了一下，发现爱德华遇难前曾拨出过三个电话。

第三个电话是打给谁的？他在电话里说过什么？他俩推断，很可能与爱德华的银行或遗产归属权有关。可爱德华无儿无女，又在五年前结束了他失败的婚姻，如今只有一个瘫痪的老母亲，住在旧金山。

当晚，迈克律师赶到旧金山，见到了爱德华悲痛欲绝的母亲。老人流着泪说："爱德华的第三个电话是打给我的。"迈克严肃地说："请原谅，夫人，我想我有权知道电话的内容，这关系到您儿子庞大遗产的归属权

问题，他生前没有立下相关遗嘱。”可母亲摇摇头，说:“爱德华的遗言对你毫无用处，先生。我儿子在临终前已不关心他留在人世的财富，只对我说了一句话……”

迈克含着激动的泪水告别了这位痛失爱子的母亲。

不久，美国一家报纸在醒目的位置刊登了“9.11”灾难中一名美国公民的生命留言：妈妈，我爱你！

[书外人语] 当生命走到尽头才会意识到，除了爱，所有的东西都是身外之物。一句“我爱你”，足以让这个母亲欣慰。趁你的父母还在身边，请对他们说一句“我爱你”吧！不要小看它的力量。

第三辑

【共生共存】

捐一个微笑

| 蔡 成

队伍很长。站在我前面的是母女俩，母亲牵着女儿的手，女儿仰起小脑袋奶声奶气地背着唐诗，背完一首，就向母亲讨表扬。年轻的母亲不吝啬，反复竖大拇指，鼓励女儿再接再厉。

捐款台上的“设施”很简陋。一张桌子上摆了个用红纸包裹着的募捐箱，纸上有字：“向地中海贫血儿童献爱心。”站在我前面的年轻母亲捐完了款准备走，守在募捐箱旁的一个中学生模样的姑娘似乎被可爱的还在背唐诗的小女孩吸引住了，拉住她的手，逗她：“小妹妹，妈妈给患病的哥哥姐姐捐钱了，你捐点什么呀？”

小女孩不作声，抬头看看她妈妈，又看看弯腰跟她说话的姐姐，手在口袋里掏了几下，什么也没掏出，嘴一撇，竟哭起来。原本只想逗逗孩子的姑娘慌了神，脸涨得通红。显然，她自己也只是个大孩子，面对意外，乱了方寸。她惟有尴尬地站着，满脸歉意地看着小女孩的母亲。

年轻的妈妈却没慌，边给孩子擦眼泪边说：“洋洋，你给姐姐笑一个，你说你就捐一个甜甜的笑给患病的哥哥姐姐。”

小女孩真的立刻笑了，泪水还挂在她眼角，她还在抽泣着，那笑也就显得很别扭。别扭得让旁边的我，也差点忍不住乐出声来。

母女俩已经朝前走去，我往募捐箱放着钞票，目光还在追随她俩。那个漂亮的小女孩又回过头，一次，两次，三次，每一次脸上都带着甜甜的笑。我数得一清二楚，她一共捐了六个天使一般的笑。

[书外人语] 聪慧的母亲，可爱的孩子，我们仿佛也看见了那天使般的微笑！

人活着，就是与人共存

王玉强

人类天才有两种：一种彗星式，一种不老松式。

彗星式：如尼采如拜伦如梵高。他们以超人的敏慧和孤独，以天才式的愤世嫉俗和“残酷激情”，最终没能赢得世俗社会的理解和接纳（他们自己也不屑），在世上匆匆掠过，只留下一道耀眼的弧光——使人类精神蒙受无与伦比的损失。

不老松式：如康德如歌德如伏尔泰。他们以天才的智慧和坚韧，穿透人生的一切虚无和悲剧，以适应俗世为手段，以改造俗世为目的，最终不仅实现了自己的生存价值且为人类文化做出了巨大的贡献。

举伏尔泰之例。这个与卢梭同被法国路易十六认定为“摧毁了法国”的老鳏夫，有两名著名格言:“笑和让别人笑”、“思考和让别人思考。”

这个平民出身的启蒙者，早年受尽了权贵显赫的凌辱。蹲过巴士底狱，流放过英伦三岛，挨过情敌加政敌唆使的流氓的棍棒的毒打……然而这一切，都未能摧毁这个摧毁者——这个伟大的“欧洲的良心”。他战而愈强，老而弥坚。或斡旋于皇室，或韬晦于宗教，时而以《哲学通信》启迪民众，时而以《百科全书》召唤同道。他用智慧、思考、笑声和理性为自由铺展了道路，最后亦实现了自己“消灭败类”的人生理想。

这个不朽的人，尽管生前树敌甚多且不乏智者的弱点，死后却留下遗言:“宽容是什么？它是人性的特点。让我们相互原谅彼此的愚蠢吧，这是自然的第一法则。”

倘一个人还未执迷到逸出正常的思维，他应该承认，人在本质上，就生活在一个偶然荒诞、极不完美的世界中。人既非宇宙的中心，又非万物的目的，只是大自然的一个可怜的“物质斑点”，一个被限定了时

空框架的有限生物。人不知人缘何而来世，也不知何时而离世。人的当下欲望，既不能达到满足，又不能没欲望。现世的苦难，不能用来世补偿，死去的灵魂，不再有超度的希望。人生，就是一个既上不了天堂，又下不了地狱的漫长的“炼狱”过程。

人活着，就是“与人生存”在同一个地球上。人的物质生活、精神生活都有赖于与他人的互惠互存。个体中充满了社会性，人性中包含着利他性。惟有社会才是自我实现和个性发展的唯一场所，惟有置身于人类，才能坚持对人类精神价值的信念。

立足于这一对立观点上的人类学本体论，能使我们在看待现实人生时，持有一份理性的宽容和谅解的心态，持有一种高蹈轻扬、波澜不惊的审美眼光。“笑和让别人笑。”“思考和让别人思考。”伏尔泰的名言永远闪耀在人类的苍穹。“人”一撇一捺，一撇是“我”，一捺是“你”，你我两人或更多，才能组成人的世界。

［书外人语］任何人都不可能脱离群体而生存，鲁滨逊身边不还有个“礼拜五”吗？离开周围的人，你的生存将没有任何价值，所以，千万不要太过看重自己，多替你周围的人想一想。

宽恕伤害过自己的人

| 张守管

去年，我曾在美国爱荷华大学看到了一封信，那封信的复印件保存在这所学校已故的副校长曾工作过的房子里，那是一封让我们中国人难以理解的信。

那位副校长名叫•柯莱瑞，她是爱荷华大学最有权威的女性之一。很久以前，她的父亲曾远涉重洋到中国传教，她成了出生在中国上海的美国人，所以她对中国人有着特殊的感情。她终身未婚，对待中国留学生就像对自己的孩子一样，无微不至地关照他们，爱护他们，每年的感恩节和圣诞节总是邀请中国学生在她家中做客。

不幸的事情发生在1991年11月1日，那是一起震惊世界的惨案。一位名叫卢刚的中国留学生，在他刚获得爱荷华大学太空物理博士学位的时候，开枪射杀了这所学校的3位教授、一位和他同时获得博士学位的中国留学生山林华，这所学校的副校长安•柯莱瑞也倒在了血泊中。

1991年11月4日，爱荷华大学的28000名师生全体停课一天，为安•柯莱瑞举行了葬礼。安•柯莱瑞的好友德沃•保罗神甫在对她的一生回顾追思时说："假若今天是我们的愤怒和仇恨笼罩的日子，安•柯莱瑞将是第一个责备我们的人。"

这一天，安•柯莱瑞的3位兄弟举行了记者招待会，他们以她的名义捐出一笔资金，宣布成立安•柯莱瑞博士国际学生心理学奖学金基金，用以安慰和促进外国学生的心智健康，减少人类悲剧的发生。

她的兄弟们还在无比悲痛之时，以极大的爱心宣读了一封致卢刚家人的信。这就是我在她的房间里看到的那封信——

致卢刚的家人：

我们经历了突发的剧痛，我们在姐姐一生中最光辉的时候失去了她。我们深以姐姐为荣，她有很大的影响力，受到每一个接触过她的人的尊敬和热爱——她的家庭、邻居，她遍及各国学术界的同事、学生和亲属。

我们一家从很远的地方来到这里，不但和姐姐的众多朋友一同承担悲痛，也一起分享着姐姐在世时所留下的美好回忆。

当我们在悲伤和回忆中相聚一起的时候，也想到了你们一家人，并为你们祈祷。因为这个周末你们肯定是十分悲痛和震惊的。

安最相信爱和宽恕。我们在你们悲痛时写这封信，为的是要分担你们的悲伤，也盼你们和我们一起祈祷彼此相爱。在这痛苦的时候，安是会希望我们大家的心都充满同情、宽容和爱的。我们知道，在此时，比我们更感到悲痛的，只有你们一家。请你们理解，我们愿和你们共同承受这悲伤。这样，我们就能一起从中得到安慰和支持。安也会这样希望的。

[书外人语] 大多数时候，我们信奉的是有仇不报非君子，即使不报仇，也会在心里嫉恨甚至诅咒。可事实上，报复、嫉恨或者诅咒都不能使我们内心平静，都不能使我们换回快乐，而这只有一颗能够宽恕的心才做得到。

礼　物

[美] 杰瑞·沃曼　王流丽编译

在小镇最阴湿寒冷的街角，住着约翰和他的妻子珍妮。约翰在铁路局干一份扳道工兼维修的活，又苦又累；珍妮在做家务之余就去附近的花市做点杂活，以贴补家用。生活是清贫的，但他们是相爱的一对。

春日游 杏花吹滿頭
子愷

那天，小两口正在吃晚饭，突然响起了敲门声。珍妮打开门，门外站着一个冻僵了似的老头，手里提着一个菜篮。“夫人，我今天刚搬到这里，就住在对街。您需要一些菜吗？”老人的目光落到珍妮缀着补丁的围裙上，神情有些黯然。“要啊，”珍妮微笑着递过几个便士，“胡萝卜很新鲜呢。”老人浑浊的声音里又有了几分感动：“谢谢您了。”

关上门，珍妮轻轻地对丈夫说：“当年我爸爸也是这样挣钱养家的。”

第二天，小镇下了很大的雪。傍晚的时候，珍妮提着一罐热汤，踏着厚厚的积雪，敲开了对街的房门。

两家很快结成了好邻居。每天傍晚，当约翰家的木门响起卖菜老人笃笃的敲门声时，珍妮就会捧着一碗热汤从厨房里迎出来。

圣诞节快来时，珍妮和约翰商量着从开支中省出一部分来给老人置件棉衣：“他穿得太单薄了，这么大的年纪每天出去挨冻，怎么受得了。”约翰点头默许了。

珍妮终于在平安夜的前一天把棉衣赶成了。铺着厚厚的棉絮，针脚密密的。平安夜那天，珍妮还特意从花店带回一枝处理玫瑰，插在放棉衣的纸袋里，趁着老人出门购菜，放到了他家门口。

两小时后，约翰家的门响起了熟悉的笃笃声，珍妮一边说着“圣诞快乐”一边快乐地打开门，然而，这回老人却没有提菜篮子。

“嗨，珍妮，”老人兴奋地微微摇晃着身子，“圣诞快乐！平时总是受你们的帮助，今天我终于可以送你们礼物了。”说着老人从身后拿出一个大纸袋，“不知哪个好心人送在我家门口的，是很不错的棉衣呢。我这把老骨头冻惯了，送给约翰穿吧，他上夜班用得着。”老人略带羞涩地把一枝玫瑰递到珍妮面前，“还有，这个给你。也是插在这纸袋里的，我淋了些水，它美得像你一样。”

娇艳的玫瑰上，一闪一闪的，是晶莹的水滴。

［书外人语］送人玫瑰，手有余香。相互之间多一份关爱，会让你的生活荡起爱的涟漪。

关照别人，就是关照自己

| 藩 炫

美国黑人杰西克·库思曾经是美国一家名不见经传的小报记者。因为种族歧视，在那家报社中他感到四面楚歌，受人排挤，与别人交往更成了他最头疼的事情。

那时，美国的石油大王哈默已蜚声世界，报社总编希望几位记者能采访到哈默，以提高报纸的声誉与卖点。

杰西克便在心底暗暗发誓，一定要独立完成稿子，以便让他们不敢轻视自己。

有一天深夜，杰西克终于在一家大酒店门口拦住哈默，并诚恳地希望哈默能回答他的几个简短问题。

对杰西克的软磨硬缠，哈默没有动怒，只是和颜悦色地说："改天吧，我有要事在身。"

最后迫于无奈，哈默同意只回答他一个问题。杰西克想了想，问了他一个最敏感的话题："为什么前一阵子阁下对东欧国家的石油输出量减少了，而你最大的对手的石油输出量却略有增加。这似乎与阁下现在的石油大王身份不符。"

哈默依旧不温不火，平静地回答道："关照别人就是关照自己。而那些想在竞争中出人头地的人如果知道，关照别人需要的只是一点点的理解与大度，却能赢来意想不到的收获，那他一定会后悔不迭。关照，是一种最有力量的方式，也是一条最好的路。"

哈默离去后，杰西克怅然若失地呆站街头。他以为哈默只是故弄玄虚，敷衍自己。当然那次采访也没有收到预想的效果，他一直耿耿于怀，对哈默的那番不着边际的话更是迷惑不解。

直到10年后，他在有关哈默的报道中读到这样一段故事——在哈默成为石油大王之前，他曾一度是个不幸的逃难者。有一年冬天，年轻的哈默随一群同伴流亡到美国南加州一个名叫沃尔逊的小镇上，在那里，他认识了善良的镇长杰克逊。

可以说杰克逊对哈默的成功起了不可估量的作用。

那天，冬雨霏霏，镇长门前的花圃旁的小路便成了一片泥淖。于是行人就从花圃里穿过，弄得花圃里一片狼藉。哈默也替镇长痛惜，便不顾寒雨染身，一个人站在雨中看护花圃，让行人从泥淖中穿行。这时出去半天的镇长笑意盈盈地挑着一担炉渣铺在泥淖里。

结果，再也没人从花圃里穿过了，最后镇长意味深长地对哈默说："你看，关照别人就是关照自己，有什么不好？"

从这个故事中，杰西克也终于领悟到，每个人的心都是一个花圃，每个人的人生之旅就好比花圃前的小路。而生活的天空又不尽是风和日丽，也有风霜雪雨。那些在雨路中前行的人们如果能有一条可以顺利通过的路，谁还愿意去践踏美丽的花圃，伤害善良的心灵呢？

从那以后，杰西克与报社其他同事坦诚相处。他知道，理解和大度最容易缩短两颗敌视的心之间的距离，而关照就是两颗心之间最美丽的桥梁。

同事们不再排挤他了，亲切地喊他"黑蛋"。而直到多年后，他卸下报社主编的重担，一人隐居乡间安享晚年的时候，围着他蹦蹦跳跳的不同肤色的孩子们也喊着他"黑蛋"。因为，他的邻居们真的已记不得他叫什么名字了。

[书外人语] 人际交往中，所谓的关照、帮助都是双向的，只要你以诚待人，主动的去关照、帮助别人，就不用担心会受到排挤和陷害，即使有不领情的甚至以怨报德的人，你也不用担心，所谓得道多助，这种力量会在你周围形成一种强大的防御网，保护你，使你不受到伤害。

秘　密

｜林　客

公车上乘客寥寥。

邻座是个中年男人，和我一样眼神飘忽，疲惫写在脸上，冷漠挂在嘴角——典型的公车表情。

一个抱着婴儿的妇女上车，在中年男人前排落座。

无意间瞥见那个婴儿着实可爱：粉嘟嘟的脸趴在母亲肩上，莲藕似的小胳膊挥舞着，在空气中招朋引伴，自得其乐；他还不时把粉拳塞进花瓣样的小嘴里品咂，黑亮水灵的眸子大大咧咧地在中年男人脸上“巡视”。

忽然，那双眸子如发现奇迹般定住了，圆睁着再不肯眨动。粉拳已然垂落，小嘴却仍张着，每间隔几秒钟便傻乎乎地咧开直乐。起先还算安静，渐渐就乐出“咯咯”的伴奏来。晶莹的涎水快乐地打着秋千。

循迹细察，才窥见奥妙所在：中年男人端坐依然，却悄悄地挤眉弄眼做怪样引逗婴儿。

发觉了我的视线后，他似乎有点难为情，不自然地把脸转向窗外。

我看着婴儿兀自期待的眼眸，只觉心中有个极柔软敏感的部位被拨动了一下：很轻，很痒。

下车时，和中年男人无意间对视，彼此僵硬的嘴角似已悄然柔和了，虽然只是稍纵即逝，却已暗中交换了男人之间的一个秘密。

[书外人语] 成人世界的冷漠，被婴儿的可爱轻易打破。这样的生活细节不仅让人为之感慨：原来人与人之间可以如此轻快地交流。

借　鞋

| 王流丽编译

那是入夏以来最热的一天，街上每个来去匆匆的行人似乎都在寻找阴凉的歇脚地，所以街角的那间冰激凌店成了最受欢迎的地方。

下午3点左右，一个叫珍妮的小女孩手中攥着硬币走进店中，她只想买一份最便宜的甜点。可是还没来得及走近柜台就被侍者拦住了，侍者示意她看一看门上挂着的告示牌。珍妮的脸一下子红了，她感到店里那些衣冠楚楚的顾客的目光都集中在自己缀着补丁的衣服上。于是她转过身，想赶快走出去。但是她并没有发现，店里有位高个子先生悄悄起身，跟在她的后面走出店门。

高个子先生看到，珍妮凝视着的那块牌子上写着："赤足免进"。他看见这个贫穷的小姑娘眼睛里噙满泪水。他叫住正要离开的珍妮，她吃惊地看着高个子先生脱下脚上那双12号（相当于中国的46号）大的皮鞋放到地面前。"哦，孩子，"他轻松地说，"我知道你不喜欢它们，它们的确又大又笨。可是，它们却能带你去吃美味的冰激凌。"他弯下腰帮珍妮穿上大皮鞋，"快去买冰激凌吧，好让我的脚凉快凉快。我就坐在这里等你。你走路一定要小心。"

珍妮感激得说不出话来，她红扑扑的笑脸是骄阳下灿烂而甜美的花朵。她穿着那双特大号的皮鞋，摇摇晃晃地、一步一步走向冰激凌柜台。店堂里突然安静下来。

一辈子，珍妮都会记得那位始终不愿告诉她名字的叔叔，记得他高大的个子，宽大的鞋子，博大的心。

［书外人语］很多时候，帮助一个需要帮助的人好像就这么简单容易，可为什么大家都不去做呢？

赎回灵魂

| 晓荷

她睡到半夜，感觉到屋里进了人，很显然，不是丈夫，因为他去值班了，因为长期失眠，睡觉对她是件困难的事情。显然，那个人以为她睡着了。

然后，她看到了一个身影，手里拿着刀，在四处找东西。那一刻，她大睁着眼，内心出奇地镇定，因为绝对不能喊，隔壁就是儿子的房间，一喊，她和儿子就会有生命危险。她看到那个贼把手伸向了她的首饰盒，那里面有一对玉镯，是外婆出嫁时的陪嫁，一直传下来，传给了她，是最好的鸡血玉。但她一直沉默着，直到贼离开。

然后，她冲到儿子的房间，看到还在睡的儿子，眼泪就下来了，她知道，没有比自己儿子更珍贵的了。

然而，意想不到的事情发生了。

那个贼却被看门的保安逮住了——在他翻墙逃跑的时候。所以，他和两个保安又出现在她的客厅里。

灯光下，她看到了贼的脸。一张十分年轻的脸，脸上还有小小的绒毛，大概只有十五六岁的样子，眼神里全是恐惧。

保安问，这是你的镯子吗？

她答，是。

是这个贼偷走的，就在刚才。保安说。

她是知道的，她抬起头看了那个小偷一眼，那一眼让她呆住了，少年的眼里全是乞求的眼神，甚至是恳求，甚至是绝望。

那一刻，她的心忽然柔软起来。她有了新的决定。她说，你们放了他吧，他不是贼，那一对玉镯，是我给他的。

保安大吃一惊，而少年的眼里也全是惊讶。

是我给他的。她坚持说。

这时，她看到少年的眼里全是泪水了。保安刚走，那个少年扑通就跪下了：阿姨，您为什么救我？

她笑了，淡淡地说：孩子，因为你的青春比那两只镯子值钱，我想用那两只镯子赎回你找不到方向的灵魂。何况，刚才我并不曾睡着，因为你手里拿着刀，所以，我没有喊，也是为了我自己的儿子。

那个少年，泪如雨下。

［书外人语］在特殊情况下，也许这种方式真的可以挽救一个年轻的灵魂，也许它会比惩罚更有效。

一杯牛奶

一天，一个为了赚取学费而不得不挨门挨户推销产品的穷小子霍华德·凯利发现，他只剩下一枚1角钱的硬币了，可是，他已经饿坏了。

他决定到下一家去要点吃的。但是，当一个年轻美丽的女子打开门的时候，他太紧张了，不好意思开口讨饭吃，他只要了一杯水。这位女子发现小伙子看上去饿坏了，于是给他拿来了一大杯牛奶。他慢慢地把牛奶喝完，然后问她："我该给您多少钱？"

"你什么都不用给我。"她回答道，"我母亲总是对我说，永远不要为所做的善事收取报酬。"

他说："那么，我真心地感谢您。"

当霍华德·凯利离开的时候，他不但感到自己的身体有劲了，而且对人的感情也更加强烈了。他原本已经打算放弃一切。

数年后，这名女子患了重病，当地的医生都束手无策。家人将她送到大城市，请那里的专家来诊治她的怪病。人们请来了霍华德•凯利医生。

听到她家乡小镇的名字时，他的眼中闪过异样的光芒。他马上从医院大厅跑到了楼上的病房，并一眼认出了她。他回到观察室，暗下决心，要尽一切可能挽救她的生命。

经过很长时间的努力，他成功了。

凯利医生拿来了治疗费用账单，在边上写了一行字，然后让人将账单送进她的病房。她不敢打开账单看，因为她知道，她得用全部余生来偿还这笔债。最后，当她不得不打开账单时，她惊讶地看到上面写着这样一行字："多年前已用一杯牛奶全部付清。"后面的署名是"霍华德•凯利医生"。

喜悦的泪水顿时溢满了她的双眼，她在心中默默地祷告着："感谢上帝……"

[书外人语] 已经读过许多这样的故事，每一次都仍然会从心底泛起一阵温暖的感动。朴实的文字，普通的人，微小的付出与回报——如同不起眼的涓涓细流，润泽着广袤的大地……

你在谁的伞下

| 李 钢

某个雷雨之夜我赶路回家，没带雨具，前面几步远的距离，一位姑娘持伞而行，那伞宛若一朵无雨的云。

雷雨交加，街上行人稀少，那姑娘不时地回头望我，目光带着疑惑甚至惊恐，很显然，我的存在使她有后顾之忧。这虽让人心寒，但也不能怪她，因此情此景也太像一些虽不高明却足以令人紧张的小说情节了：深夜，一条汉子尾随一个年轻的女郎，在雨中。

君子坦荡荡，为了她的安宁。我加速走到她前面去。我只担心在经过她身边时，她别吓得尖叫起来。电闪雷鸣之际再加上女人的尖叫声，会搞得这城市神经错乱的。

我把背影留给她，这样便显得更纯洁些。我哼着小调，步伐坚定从容，并竭力装出好人的样子——大概世界上再没有比好人假装好人更加狼狈的事了。

雨至滂沱，我已浑身湿透，忽然发现她竟跟了上来，走在我身边，事情发生了戏剧性的变化，她有意无意地向我靠拢，慢慢地又将伞举到了我的头顶。雨被截住了，拍着伞。

我给了她安全感，她给我信任和帮助，转眼之间，我们成为一柄伞下的同路人。在城市，这是很动人的一刻。人与人的心灵原是可以相通的，凭借着雨夜，伞是小小的道具。

起初我挺拘谨，东张西望，有做坏事的心情，见四周一片茫茫，也就释然了。我接过伞来举着，路过自己的住所也未离开，像个真正的保镖一样，把她护送到家门口。她要我带走伞，我谢绝了，尔后我们像朋友似的道别。

故事本可以到此为止，然而时隔数日，我在街头再次遇见那姑娘，互相一愣，犹豫了一瞬，又像陌生人一般擦肩而过，连招呼也未打。这是白天，没有雨，街上人涌如潮。

这个破坏性的结果无疑令人失望。我为此假设过多种结果，反过来看看，唯有它真实得不可动摇。因为它绝对符合现代城市的性格。

在日趋冷漠的城市里，人们习惯了隔膜与生疏，每个人都是一座孤岛，挨得很近也无法连成陆地，孤独感使人对沟通和交流产生抗体，再没有什么比陌生更让人熟悉。想一想.人真可算作一种自相矛盾的生物。

人类创造出现代文明来掩埋自身的情感，同时，又渴望着人性能够破土抽芽。城市实在是司芬克斯一般的怪物，人建造了它，住在里面，它却把人变成难以解开的谜。

今夜又是雨夜，乱雨敲窗，不知此刻路上的行人，谁在谁的伞下？

[书外人语] 故事稍显平淡，没有我们所期望的浪漫邂逅。但道理却是发人深省的：要想我们的社会充满温暖与祥和，那么首先要使每一个人穿越自己心灵的冰河。因为心中有冰，世界便天寒地冻。

电线杆上盛开的鲜花

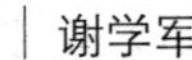

谢学军

武昌的街头流传着一个故事。

故事源于一根被风蚀得满目沧桑的电线杆——它的中端，终日高悬着一束吐着芬芳的鲜花。

它的近旁，有一位交警，每天站在路口的指挥台上，打着手势，忽东忽西地忙碌着，仿佛向这根“插着”鲜花的电线杆行注目礼。

电线杆上“盛开”的鲜花，引来众多疑惑的目光。有路人说，无聊；老人说，奢侈；还有人说，好像这里曾发生过一场车祸。

“是的，一场车祸。”交警说，接着他顿了顿，“那是在几个月前，一个男孩儿捧着鲜花站在电线杆下，当穿着白色风衣的女孩儿出现在马路对面时，男孩儿惊喜而冲动地横穿马路，他是那样急切而匆忙，几朵鲜红的玫瑰因他的手的颤动而更加充满活力。然而，对面女孩儿尖利的叫声响起来时，一辆黑色的轿车飞驰而来，从他健硕的胸膛上碾了过去，血水和着鲜花撒了一地……那个惨剧发生在黄昏。那一天正是2月

14号——情人节！那个女孩儿刚从北京实习回到这座城市。”

路人沉默了。鲜花悄然盛开在电线杆中端。

“后来呢？”

“后来，后来不知哪一天，电线杆上就出现了这束鲜花。如果你在早晨路过这里，有机会见到一个插花的女大学生——她就是已故的男孩儿苦恋了四年的女友。”

鲜花的故事就这样在街头流传开来。有人早起床，站在电线杆附近打太极拳。过几日，当鲜花快凋谢的时候，总有一位神情静穆的少女，将一束吐着露珠的鲜花换上。她久久地伫立在电线杆旁，望着来来往往的车辆，眼眶里噙着晶莹的泪花。

夏天的一个早晨，在电线杆附近打太极拳的人们突然发现电线杆下多了一个人——那位少女搀扶着一位白发苍苍的老母亲，让她亲手挂上一束鲜花。“可怜的儿啊……”老人泣不成声，“孩子，也难为你啦！”少女终于忍不住羞涩地叫了一声“娘！”便扑进她的怀里失声痛哭起来。

黄昏的时候，少女搀扶着老人再次来到这里，只是再也看不到她们哭泣的眼泪。她们在电线杆上轻轻贴上一条幅：“小心过马路——珍视你的生命！”她们最后将条幅按了按，便相互搀扶着，沿着人行道渐渐离去。如血的残阳将她们的影子拉得悠长。

9月，人们发现如期来挂鲜花的不再是那位少女，而是那位老母亲。

老人说：“孩子出国了。”

老人说：“她是一个有出息的孩子。”

12月的冬天，悬挂着鲜花的电线杆下，人们发现连老人的影子也难以见到。

人们正在纳闷儿，消息传来：老人刚刚作古。人们以为电线杆上盛开着永不凋谢的鲜花将成为历史。

然而，不久，电线杆上的鲜花又一次盛开起来，悬挂鲜花的，是附近交通指挥台上两位值班的交警。

交警说:“那女孩儿现在美国。她给我们发了一封信，给予一个重托。面对这如山的爱情和亲情，我们无法拒绝!”

鲜花盛开在电线杆上。

鲜花的故事流传在城市的大街上。许多伫立注目于此的路人说:“鲜花背后是一个流血的故事，鲜花里凝聚着爱情和亲情。”

[书外人语] 在自己遭受痛苦时，还能想到不让他人重蹈覆辙，这才是人间大爱。

亲亲那个姐姐

| 吴铭

这件事情11发生在澳大利亚一个岛上的度假村，那时我在那里担任翻译。

有一天，我在大厅里，突然看见一个满脸歉意的工作人员，正在安慰一个大约4岁的小孩，饱受惊吓的小孩已经哭得筋疲力尽。问明原因之后，我才知道，原来那天小孩特别多，这个工作人员一时疏忽，在儿童的网球课结束后，少算一个，将这个小孩留在了网球场。

等她发现人数不对时，才赶快跑到网球场，将那个小孩带回来。小孩因为一个人在偏远的网球场，受到惊吓，哭得十分伤心。

不久，孩子的妈妈来了，看见了自己哭得惨兮兮的小孩。

如果你是这个妈妈，你会怎么做?是痛骂那个工作人员一顿，还是直接向主管提出抗议，或是很生气地将小孩带离，再也不参加“儿童俱乐部”了?

都不是!

我亲眼看见那个妈妈，蹲下来安慰自己4岁的小孩，并且很理性地告诉他："已经没事了，那个姐姐因为找不到你而非常紧张，并且十分难过，她不是故意的，现在你必须亲亲那个姐姐的脸颊，安慰她一下。"

当时我看见那个4岁的小孩踮起脚尖，亲了亲蹲在他身旁的工作人员的脸颊，并且轻轻地告诉她："不要害怕，已经没事了。"

只有这样的教育，才能培养出宽容、体贴的孩子。

[书外人语] 我们中国父母，在"宝贝"自己孩子的同时，是否也能体谅一下别人？这种体谅，也是对孩子最好的教育。

免费的阳光

| 罗 西

有个流浪街头的老婆婆，几乎每天黄昏时分都会在我家附近一条小巷子边上的一张废弃沙发上坐着、喘息着，灰白头发，胡乱地用草扎着，浑身上下脏得"像苍蝇的家"（我女儿的语言）。我常常会买一个面包或一袋牛奶给她，她总是面无表情地接过去，开始我有点恼，起码你老人家也得给我一个反应，比如点头或微笑什么的，后来，我也习惯了，心想如果她反应强烈，又是跪又是谢的，我反而受不起，反而给自己平添许多压力。我承认自己不是一个彻底的好人，我只能做力所能及、举手之劳的好事。

有一天，我心血来潮带着读四年级的女儿一起去看那老婆婆，想给小孩一个教育机会，以培养她的爱心。当女儿小心地走过去，羞涩地把面包递给那婆婆时，老人家惊喜地笑了，虽然表情绽放得有点古怪，但我看到她眉宇间有舒展的阳光，但这只是刹那间的事，老太太伸出的手不是去接那面包，而是要去抚摸我女儿的脸，这下可把小女吓得尖叫起来，扔下面包，迅速脱身……我担心老婆婆受到什么刺激，便一个人上前问她:“没事吧？”她却仍然看着躲在不远处的我女儿，招着手说:“如果我有个孙女该多好！”先是重复着，渐渐声音小了，像喃喃自语，然后目光又黯淡下来。正值华灯初上，我心里有点痛，因为我无能为力，我们不能满足老人家“抚摸”一个亲人的要求。

当我把掉在地上的面包捡起来重新交到老奶奶的手上时，我看到了那双其丑无比的脏手，也许它也很温暖，但我女儿害怕它，其实，我也害怕它，我没有勇气说:“奶奶，那你摸摸我的脸。”

回家后，女儿第一件事是去洗手。我没有怪她。其实我也洗手了，因为我动了那老太太的背包，一个黑得发出油光的包。女儿有点惭愧地对我说:“老爸，对不起，我真的只能爱到这里。”我抚摸她的头，不知说什么好。最后我如实说出自己的想法，其实我也办不到，如果那老人要摸我的话。我们必须承认，自己的爱心，很多时候只能做到点到为止，我们可以是一抹免费的阳光，如果做不了伟大的可以照耀每一个角落的太阳，那就学会仰望吧，是的，除了同情，我们还可以敬仰，敬仰一些我们办不到的事和比我们更好的人。

［书外人语］这些表现，也许够不上伟大，但它真诚真实——这同样难能可贵。

美丽的手机号码

｜一 夫

一天，正是在路上，手机响了，话筒里是个稚嫩的小女孩的声音:“爸爸，你快回来吧，我好想你啊！”凭直觉，我知道又是个打错的电话，因为我没有女儿，只有个6岁的独生子。这年头发生此类事情也实在是不足为奇。我没好气地说了声："打错了！"便挂断了电话。

接下来几天里，这个电话竟时不时地打过来，搅得我心烦，有时态度粗暴地回绝，有时干脆不接。

那天，这个电话又一次次打来，与往常不同的是，在我始终未接的情况下，那边一直在坚持不懈地拨打着。我终于耐住性子开始接听，还是那个女孩有气无力的声音："爸爸，你快回来吧，我好想你啊！妈妈说这个电话没打错，是你的手机号码，爸爸我好疼啊！妈妈说你工作忙，天天都是她一个人在照顾我，都累坏了，爸爸我知道你很辛苦，如果来不了，你就在电话里再吻妞妞一次好吗？"孩子天真的要求不容我拒绝，我对着话筒响响地吻了几下，就听到孩子那边断断续续地声音："谢谢……爸爸，我好……高兴，好……幸福……"

就在我逐渐对这个打错的电话发生兴趣时，接电话的不是女孩而是一个低沉的女声："对不起，先生，这段日子一定给您添了不少麻烦，实在对不起！我本想处理完事情就给您打电话道歉的。这孩子的命很苦，生下来就得了骨癌，她爸爸不久前又被一场车祸夺去了生命，我实在不敢把这个消息告诉她，每天的化疗，时时的疼痛，已经把孩子折磨得够可怜的了。当疼痛最让她难以忍受的时候，她嘴里总是呼喊着以前经常鼓励她要坚强的爸爸，我实在不忍心看孩子这样，那天就随便编了个手机号码……"

"那孩子现在怎么样了？"我迫不及待地追问。

"妞妞已经走了，您当时一定是在电话里吻了她，因为她是微笑着走的，临走时小手里还紧紧攥着那个能听到'爸爸'声音的手机……"

不知什么时候，我的眼前已模糊一片……

[书外人语] 让我们真诚地去对待生命中遇见的每一个人，不管是否相识。也许，你一个不经意间的善意举动，会成全另一个人最美的梦想。

最美丽的名字

| 张丽钧

在一次作文课上，我让同学们以《名字的故事》为题做口头作文。结果，一个最拙于表达的女生摘走了“最美的名字”的桂冠。

这个女生名叫秦沫沫，她为大家讲述了她的名字的由来：

我本来叫秦玲玲，两岁那年发烧住进唐山市儿童医院，不幸遇上了大地震。陪床的妈妈当时就被坍下来的一块楼板夺去了性命。我和两个阿姨被埋在废墟下面。一开始，我不停地哭闹，喊着要妈妈，但很快我就哭不动了——我渴呀！两个阿姨轮流抱着我，她们看我渴得要死，试着往我的嘴里滴了些尿液，可我说什么也不肯咽，全都吐了出来。“这孩子的命怕是保不住了。”一个阿姨伤心地说。“是啊，哪怕有一滴水润润这小可怜的嘴巴也行啊！”另一个阿姨也绝望地说。突然，这个阿姨被自己的话提醒了，她俯下身子对着我的小嘴喂了一点唾沫，另一个阿姨也从冒烟的口腔中艰难地积存了一点点唾沫喂给了我……六十多个小时过去了，我们终于被解救了出来。为了记住我是怎样活过来的，我这个“吃唾沫”的孩子从此改名叫秦沫沫。

没有雕饰，没有渲染，甚至没有必要的描摹，但我们全给镇住了。那一刻，我们调动起生命中最美好的感觉一遍遍在心底默念着秦沫沫这个非同寻常的名字，忘情于一种比甘露更为无私的滋润，感动于一种比乳汁更为伟大的喂哺……

［书外人语］ 在生命的紧要关头，往往最能展示人类最崇高的品质。

第四辑

鞋里的沙

传　闻

｜纪宇

山间公路上，原来车内的三名持枪歹徒居然盯上了漂亮的女司机，强迫中巴停下，要带女司机下车去“玩玩”，女司机情急呼救，全车乘客噤若寒蝉。只有一中年瘦弱男子应声奋起，却被打伤在地。男子气极，奋起大呼全车人制止暴行，却无人响应，任凭女司机被拖至山林草丛。半个时辰后，三歹徒与衣衫不整的女司机归来。车又将行，女司机要被打伤流血的瘦弱男子下车。男子不让步，僵持起来。

“喂，你下车吧。我的车不拉你！”

中年男子急了，说：“你这人怎么不讲道理，我想救你还错了吗？”

“你救我了吗？你救我什么了？”女司机矢口否认，引得几个乘客窃笑。

中年男子气极，恨自己身无大侠之力！救人未救成，可也不该得到被驱逐下车的结果呀，他坚决不下。“再说我买票了，我有权坐车！”

女司机板起脸，无情地说：“你不下车，我就不开。”

没想到的是，满车刚才还对暴行熟视无睹的乘客们，却都像刚刚睡醒般，齐心协力地“劝”那男子下车：“你快下车吧，我们还有事呢，耽误不起！”有几位力大的乘客甚至想上前拖这中年男子下车，使人想起莫泊桑笔下《羊脂球》里的情节。

三个歹徒咧着嘴，得意地笑了。其中有个黑皮无赖毫不知耻地说：“哥们把她玩恣了！”另外两个歹徒也胡言乱语：“她是我对象，关你屁事！”一场争吵，直到将那男子的行李从车窗扔出，他随后被推搡而下。

汽车又平稳地行驶在山路上，女司机掠了一下头发，按响了录音机。

车快到山顶，拐过弯去就要下山了。车左侧是劈山开的路，右侧是百丈悬崖。汽车悄悄地加速了，女司机脸上十分平静，双手紧握着方向盘，眼睛里淌出晶莹的泪水。一歹徒似乎觉察到了什么，说：“慢点开，慢点开，你他妈的想干什么？”

女司机并不说话，车速越来越快。歹徒企图扑上前去抢方向盘，汽车却像离弦的箭向悬崖冲去……

第二天，当地报纸报道：伏虎山区昨日发生惨祸，一中巴摔下山崖。车上司机和13名乘客无一生还。半路被赶下车的中年人看到报纸哭了。谁也不知道他哭什么，为什么哭。

[书外人语] 冷漠换来的只会是更大的冷漠。虽然只是一则传闻，但其中蕴涵的道理发人深省。

悬念中的哲理

| 程应峰

在沿海城市旅游时，我听导游讲了这样一个故事：在一家海鲜馆里，一群旅游者正在进晚餐。他们一面品尝菜肴，一面即兴谈天。鱼端上来了，大家七嘴八舌地讲起一些关于在鱼肚子里发现珍珠和其他宝物的趣闻轶事。

一位长者一直默默地听着他们闲聊，终于忍不住开口了：“听了你们每个人所讲的故事，都很精彩，现在我也讲一个吧。我年轻的时候，受雇于香港一家进出口公司。像所有年轻人一样，我和一位漂亮的姑娘相爱了，很快我们就订了婚。就在我们要举行婚礼的前两个月，我突然被派到意大利经办一桩非常重要的生意，不得不离开我的心上人。”

老人顿了顿，接着说：“由于出了些麻烦，我在意大利待的时间比预期长了许多。当繁杂的工作终于了结的时候，我便迫不及待地准备返家。启程之前，我买了一只昂贵的钻石戒指，作为给未婚妻的结婚赠品。轮船走得太慢了，我闲极无聊地浏览着驾驶员带上船来的报纸，消磨时光。忽然，我在一份报纸上看到我的未婚妻和另一个男人结婚的启事。可想而知，当时我受到了怎样的打击。我愤怒地将我精心选购的钻石戒指向大海扔去。"

他沉默了一会，神情落寞地说:"回到香港后，我再也没有找女朋友，一个人孤单度日，转眼几十年过去了。有一天，我来到一家海味馆，一个人闷闷不乐慢慢地进餐。一盘咸水鱼端上来了，我用筷子胡乱夹了些塞进嘴里，嚼了几下，忽然喉咙被一个硬东西哽了一下。先生们，你们可能已经猜出来了，我吃着什么了？"

"当然是钻戒!"周口的人肯定地说。

"不!"老人凄凉地说，"我开始也这么认为，饭毕才知道，是我一颗早就磨损得差不多、摇摇欲坠了的牙齿滑进了喉咙。"

这一次轮到大伙张大惊疑的嘴巴了。

给一个明确的思维指向，让人有了悬念，结局却拐了一个弯，背离了人们心中的愿望或者潜意识中的目标指向。其实，很多意想不到的结局正是生活中极易发生的平常事，而不是想象中的奇迹。

[书外人语] 不要总奢望奇迹的发生，真实的生活中更多的是平平淡淡的寻常事。

鞋里的沙

| 肖 剑

在2000年的亚洲杯足球赛上，中国队杀进四强，半决赛中同日本队相遇。赛前许多队员都表示：我们不怕日本。比赛时教练的战术安排没什么错误，队员们拼劲也十足，但最终还是以2：3输掉了这场比赛。应当说，中国队较以往有进步，场面也不难看，但日本队明显技高一筹，尤其下半场完全控制了场上的主动，基本上是在压着中国队打。

我们这里不是在评球，而是要说评论员黄健翔所说的两段话：要说速度和身体条件，日本队好像不如我们，他们前锋速度并没有我们快。可在全场的节奏上，却好像每个日本队员都能比我们快两步，这样整个日本队就比中国队快了两步……

中国队引进外援时多引进前锋，能进球见效快，日本队职业联赛中引进的却是济科等一些宝刀已老的中场大牌明星。这些球星年龄大了，也不可能多进球，但却给日本队员带来良好的技战术意识、先进的足球理念、一流的中场组织……

我们再来看经济学家茅于轼的一段话：对于中国人来讲，不用打气的自行车轮胎，不用换的电灯泡，不滴漏水的水龙头等等，几乎是不可想象的，我们已经习惯了各种各样的低质量日常用品，并在更换、修补中去耗费大量的时间精力，而在美国，这已是一个基本的质量标准和要求……

日本足球队也好，美国日用品也好，能给我们个人一种什么样的启示呢？那就是：许多时，我们会有很好的目标和方法，也会去努力学习先进者、成功者的经验、技术，但往往只是大处着眼，而忽略了细节之处，把一些最基本的东西置于脑后而去建筑美丽的空中楼阁。

日本队员单拿出来与我们队员拼体能，也许不是我们的对手，可人

家在场上每时每刻每个人都始终比我们多跑两步、快了两步；东亚球队都在学习世界强队的技战术，可日本队除了这些宏观的东西，每个人的脚下都细致了许多；美国等世界科技强国在高科技等领域绝不含糊，但在低级产品上也绝对是一流水平。说白了，就是每个岗位、每道工艺、每个环节上的人都兢兢业业地做好自己的事，无论高科技、低科技，无论是否重要工程、国家项目，认真、敬业已是一种骨子里的习惯，每一道细流汇聚起来，就聚成一股领先的潮流。

有这样一句谚语说得好：使你疲倦的不是脚下的高山，而是鞋中的一粒细砂。为什么我们总在费尽心力地设定高峰、计划路线的同时，不弯腰去倒掉鞋里的沙砾呢？

作为一个球队也好，一个国家也好，一个个人也好，成功的经验有千条万条，但都离不开这一点：大处着眼，小处做起，切实加强自身的修养和素质，克服自身的各种情性和小毛病。惟有如此，才能具备成功者的基本素质，可以征服各式各样的高山。

［书外人语］人们往往费尽心力去设计各种登山的线路和计划，却不肯弯腰倒掉鞋中的沙砾。

分鱼问题

| 庄朝晖

在小的时候，看过很多连环画，其中很多古代笑话给我留下了深刻的印象。其中有一则是这样的：

有几个朋友凑成一桌饭局，酒酣耳热之际，席间上来了一条鱼。诸位朋友正在互相谦让，一阵妖风吹来，灯灭了。在一片沉寂之中，突然听得数声惨叫(各位看官，你道是为何？)。伙计赶紧点亮了灯，只见鱼肉上重叠着无数只大手，最上面有只刀叉直没至柄。

由此笑话，我们可以继续引申。

第一次分鱼比赛，整条鱼由有刀叉的人赢得。

到了第二次聚会，大家都学聪明了，每个人都带了一把刀叉。谁知到了分鱼的时候，有两个朋友亮出了剑。大家没有办法，忍着肚子饿，把整条鱼让给了这两位带剑者。于是，两位带剑者南北拆账，一人一半。

第三次聚会，大家又学聪明了，每个人带了一把剑。谁知到了分鱼的时候，有三个朋友拿出了枪。这三位带枪者又想独自分掉鱼，这时大家实在饿得受不了了，于是有人站出来，号召道："虽然你们有枪，但是一次只能打死一个。我们人多，打下去肯定是两败俱伤。我们实在饿得不行了，饿死还不如战死。"这三位带枪者为他的气势所慑，只好妥协："既如此，我们三人分掉一半，剩下的你们平分吧。"

到了第四次聚会，大家都学精了。分鱼的时候，每个人都端出了大炮，于是大家只好把鱼给平分了。

这时有个朋友想起，在遥远的过去，大家庭也是平分着吃。为何现在拿了这么多武器，最终却还是平分着吃？

[书外人语] 如果把故事中的鱼换成地球上的各种资源，我们就笑不出来了：那些拿不出大炮的人岂不是就没有鱼吃？

迷人的笑容你有没有

| 晓 静

在一堂课上，导师告诉我们世界上有的国家的人被认为带着人格面具，他们几乎不会笑，他说这是权威人类学家的发现。听了这话我很是震惊、不安，且有些耿耿于怀。

直到那年我在英国南部那个靠海的小镇上，一下子撞上那么多迷人、灿烂的笑脸，才明白自己缺少什么。

我曾把一个京剧脸谱作为艺术品送给一个外国艺术家，这是东方戏剧里特有的道具。他说，你们的正义、欣喜、奸诈、滑稽都固定在面具里。这番话让我对这个学道教的德国艺术家刮目相看，他有一颗理解古老民族的心。

星期天一大早，grandma来接我去做礼拜，她特意戴着我送给她的那块中国丝巾，身体笔直，满脸是笑地望着我。那份对礼物的喜爱和感激全在那女性身体的姿态和面部的表情里。她灰蓝的眼睛两角堆起了好看的鱼尾纹，眼神十分迷人。只有心底溢满幸福的人才会有如此的笑容。我心里“咯噔”一下，这样的笑容从来没有在我母亲脸上见过，我自己也是没有的。

“一个诞生于古老民族的婴儿，一个诞生便老了。”我的民族是太老了，太多难了，这映在了我们的脸上，笑似乎是上帝赋予人类的特权。那么丧失了什么也不要丧失笑容——那是对自己、他人和这世界的祝福。

[书外人语] 是什么原因使我们丢掉了灿烂的笑容？那么，我们何时能将它找回？

两只鸡的故事

鸡甲欲过马路，众贤皆发表言论。

柏拉图：为了追求更高的善。

拿破仑：不想过马路的鸡，不是好鸡。

庄子：那只鸡多快乐啊!

孙子：此鸡有勇无谋，不宜为将。

欧阳修：鸡之意不在过马路，在乎山水之间也。

奥斯特洛夫斯基：鸡，最宝贵的是生命。生命对于每只鸡只有一次……

胡适：大胆假设，小心求证。

但丁：过自己的马路，让他们去说吧。

虽然就这样有支持，有反对，有不置可否，但鸡甲颇受鼓舞，雄赳赳地横穿马路而过。尽管险些被汽车撞死，却仍然引来人们不少的赞叹：你有自主的思想，不为人言所左右；你有坚定的信念，不为困难所屈服；你是成功的典范，英雄的楷模。

鸡乙决定挑战鸡甲，创一番惊天伟业，开历史之先河，于是豪情万丈地宣布要涉水过河。自然这引来了不少人的极大关注，众贤又发表了或痛或痒的一番言论，大体同上。

结果，鸡乙下水不久便扑腾几下，沉没水中，不得生还。于是众人一片唏嘘，开口就骂：自以为是的盲目，往往使你陷入绝境；圣人先贤的名言，有时也不过是放屁；你是傻瓜中的白痴，白痴中的笨蛋。

[书外人语] 路在自己脚下。虽说不要太在意别人的意见，但抬脚迈步之前，也总要仔细想想：这条路是否适合自己？不要为了吸引眼球和注意力而付出惨重的代价。

走，或者是等

肖 剑

甲乙丙三人要从A地前往B地。

他们的基本状况是：三人都很年轻，都有去B地的愿望；三人都没有多少钱，没有自行车，也不想叫出租车。AB两地的距离适中，不是很近也不是很远，所以他们比较理性的选择就是搭乘公共汽车。

还有一个客观条件也须说明，那就是：这个城市的公交系统不是很完备，经常会堵车，公共汽车也不是很准时，存在着很多的偶然性。

这一天，甲乙丙三人都来到某一个车站等候公共汽车。

等了好长的一段时间后，公共汽车还没有来。三人都有些不耐烦，心里会有如下活动：

1、今天还去不去，要不以后再说？2、如果去，是继续等公共汽车还是自己步行去？如果接着等，公共汽车不知道什么时候才会来；可是要步行的话，万一自己刚走汽车就来了怎么办？3、走，有点累；等，有点烦。而且越等人越多，车上肯定会很拥挤，自己能挤上去吗？4、就算是汽车很快就会来，自己也挤上去了，可再往前走，接着堵车怎么办？……

经过一段时间的考虑，三人各自做出了决策：甲开始步行前进；乙接着在车站等候；丙返回家中，决定以后再说。

甲选择了步行。他行动的结果可能是：1、他走到了B地，觉得很累，以后哪怕多等一会儿车也不想这么干了。2、他走到B地后，刚开始有点累，可还是觉得很痛快，没有想象中的那么多困难，以后再有类似的情况，比如说从B地到C地，他就不想再去在车站消耗时间了，直接就步行前往，以后有条件了买个自行车，反正是要自己行动，快一点也好，慢一点也好，自己说了算。3、他刚走了没多久，就看见他所等的那辆公共汽车从身边驶过，心里很后悔，暗想下次一定要等；再往前走，看见那辆公共汽车又堵住了，自己超过了它，心里又有些平衡……如此反复比较得失。到下一次时仍然会犹豫半天。4、他虽然看见公共汽车驶过，但心里却告诉自己：既然已经决定了，就不要再去想公共汽车了，走好自己的路吧，它的快慢、拥挤和宽松、抛锚或车祸等等已经和自己没有关系了。大致说起来，这就是甲可能出现的几种心理活动。

乙选择了等待。这时候会出现下列几种情况：1、车迟迟不来，乙最终放弃。2、车来了后人很多，他挤不上去。3、车很快就来了，他也挤了上去，很快地到达。4、车虽然来了，他也上去了，但这辆车并没有他想像的好或交通很拥挤，走走停停，直到甲都走到了他还到不了。由于已经上了这辆车，他对是否中途下车重新步行或再选择别的公共汽车就会有新的犹豫：他要放弃他已经上了这辆车的“既得利益”。

丙踏踏实实地回了家，第二天他再来。也许今天运气好，车很快就来了；但更大的可能性是，他又会经历前一天的选择，而且由于和他一样已经放弃过一次的人重新聚集和新人的加入，等车的人数会增加，公交线路的改善是一个漫长的过程，不可能马上见效。那么丙要么重复甲的路，要么仿效乙的做法，最后的一种可能性是，干脆就不去了。

相信很多朋友都有些明白我想说什么了。我们进一步将其意义明确：A地代表我们现在的生活，B地代表我们所向往的更好一些的生活；公共汽车可以理解为一个单位或可以借助的外力。那么，甲的行为可称作自己创业，乙可被视为打工者，丙则在原地踏步。

甲的态度最积极，刚开始时也比较艰辛，但他的信条应该是：最大限度地掌握自己的命运。他不会因为自己没有到达目的地而抱怨“司机”、“乘客”、“交警”等等别人。而且，只要他坚持，那么他自己“走路”的能力就会越来越强，到达目的地的可能性就会很大，他的经历也最为丰富多彩。

乙的态度次之，冒险倾向性不强。他也许会很平稳地到达，也许在车上不断地抱怨拥挤、摇晃、堵车、自己的座位不好、司机的技术不好等等，也许他会在中途下车，再次考虑步行或换乘别的好一点的车。他只要坚持，到达的概率也很大，但是他往往需要一辆好的公共汽车。

丙基本不是我的读者，就不做多的讨论了。

10年前，我与几个朋友就在车站等车，我们几个就有如上的全部心态。大家分别做出了选择。我们中有“甲”有“乙”，也有一个家境不错的北京孩子可归入“丙”。10年后，当年条件比丙稍差的“甲”和“乙”都超越了“丙”。选择了步行的人很少有再上公共汽车的，他们现在或步行或买了自行车或开上了汽车，基本上全部到达B地甚至已经走得更远；“乙”类当中有的在车上坚持了下来，也到达了B地，有的则中途又下车开始步行，但超越B地较远的不多；“丙”基本在原地，原单位给他长过几回工资。

从A到B是一个选择，从B到C、到D，还会有更长的路和更多的选择。具体情况不同、性格不同，不是每个人都会选择步行，但无论如何，你不能像丙一样蜷缩在原地。

[书外人语] 我是个倾向于走路的人，道理很简单：我不想把自己的命运交到公共汽车的“司机”手里。他好，我也不想沾光；他不好，我也不想跟着倒霉。

助人为累

| 郭 莹

我们宿舍的人都不拘小节，宿舍里总是一片狼藉，床上散落着各自的手机、钱包，放银行卡和MP3的柜子也都不锁。就算有的柜子锁了，钥匙也插在上面。但基于彼此的信任，大家一直相安无事。

一天，室友晓晶因为粗心，想不起旅行箱密码了。旅行箱里放着马上要交的学生证，她急得不得了。我们自然不能袖手旁观，轮番上阵帮她回忆密码。大家七嘴八舌地问："是不是你的生日？""父母的生日？""春节？""情人节？"……一个个验证过来都不是。没办法，晓晶要请开锁的师傅把箱子撬开。看到这么高档的箱子就要变成废品，我不禁说："再让我试一下。"我把箱子拿过来，信手按下了314159，然后轻轻一拨，箱子奇迹般地开了。晓晶这才突然想起自己设的密码就是圆周率的前几位。惊喜之余，她对我谢了又谢。我故作谦虚地说："小菜一碟，不费我吹灰之力。"

晚上，我给老妈打电话时还不忘吹嘘自己的开锁大法。哪知老妈听了却教训："谁让你多管闲事儿了？你把人家的密码锁都弄开了，人家以后还不把你当贼？""才不会呢，我这是助人为乐。"我不服气地说。

第二天，我突然发现，宿舍里的钱包、手机都安稳地收了起来，衣柜也都锁得严严实实了。

[书外人语] 助人为乐，但如果会伤害到别人的利益，那么也会成为一种负累，所以一定要注意助人的方式。

熟视无睹的危险

| 肖 剑

有些危险的动作与习惯，久而久之，已然习以为常，就在你不觉得危险的时候，危险开始袭击你了。

一条宽阔的马路，车来车往，川流不息。马路中间的栏杆让人扒开了一个缺口，尽管往两侧走上二百米各有一座过街天桥，但许多人还是图省事从这儿穿越马路。久而久之，大家都习惯了，甚至白发苍苍的老头老太太拉着小孩的手，也堂而皇之地走过去。

终于有一天，随着一声刺耳的刹车声，一对挽着手的情侣倒在血泊中……

其实，生活中、工作中类似的事情还很多。有些不应该的动作或行为潜藏着巨大的危险，也许起初人们对其尚有一份警觉，但随着重复次数的增多，你的潜意识中也许就把不应该当成了应该，把危险变成了安全。你习惯这样了，没觉得有什么不对，可其中潜伏的危险因素消除了吗？没有，反而在你习以为常的时候，它正一步步向你逼近。

当年在部队军训时，班长再三告诫我们不可用枪玩游戏、开玩笑。他给我们说了这样一件真事：

那一年，有个战士同战友开玩笑，他上起刺刀装模作样地刺向战友。他以为战友会躲开，战友以为他不敢刺，结果刺个正着!

大哲学家柏拉图曾有一次就一件小事毫不留情地批评了一个小孩，因为这个小孩在玩一个很愚蠢危险的游戏。小男孩不服气，说这只是一件鸡毛蒜皮的小事，柏拉图说:“你经常这样做就不是小事了。”

一位朋友开车手艺不错，已有多年驾龄，但他开车时总是小动作不断，点根烟啦，换个磁带啦，看看路边漂亮姑娘啦等等。我说他他不听，他说：艺高人胆大，没事。结果一次在北京三元桥上，他连人带车从桥上冲了出去，原因再平常不过：在高速急转弯的同时，他低头拔弄夹住的磁带。

[书外人语] 不要以为那些潜伏着危险的不良习惯只是件小事，不要觉得你本事大，别人眼中的危险事对你而言如履平地，否则，总有一天，它会同你算账的。

骆　驼

在动物园里的小骆驼问妈妈："妈妈，为什么我们的睫毛那么的长？"骆驼妈妈说："当风沙来的时候，长长的睫毛可以让我们在风暴中都能看得到方向。"

小骆驼又问："为什么我们的背那么驼，丑死了！"

骆驼妈妈说："这个叫驼峰，可以帮我们储存大量的水和养分，让我们能在沙漠里耐受十几天的无水无食环境。"

小骆驼又问："妈妈，为什么我们的脚掌那幺厚？"

骆驼妈妈说："那可以让我们重重的身子不至于陷在软软的沙子里，便于长途跋涉啊。"

小骆驼高兴坏了："哗，原来我们这么有用啊！！可是妈妈，为什么我们还在动物园里，不去沙漠远足呢？"

[书外人语] 天生我才必有用，关键是要找到一个能充分发挥潜能的舞台。

善良，是成功的天赋

| 李雪峰

美术大师要选一个年轻人做他丹青事业的关门徒弟，前来参试的人很多，经过几轮严格的淘汰赛，只剩下两个年轻的画家：一个是从美院刚刚毕业的，他的作品已多次参加各种画展，并且获得了不少的奖项，

实力确实不俗。另一个年轻人则是刚从乡村来的，他酷爱绘画，画出了不少上乘之作，自学成才，备受画坛所称道。

大师说:“你们两位的作品我都看了，难分伯仲，各有千秋。现在我只有看你们各自的美术天赋了。”大师让他们俩各自为对方画一张白描画像，两个年轻人听了，立刻支好画板，迅速观察对方画起来。乡村来的这个年轻画家想，画人，一定要抓住一个人美的形态，把一个人的美和心神的美完美地结合起来，使被画的对象更美，于是他就不停地观察对方所具有的美的特质，一笔一画地谨慎给对方画像。对方的额头较窄，他就把他画饱满些；对方的眼睛较小，他尽可能把它画大些，使它更具熠熠神采。

而从美院刚毕业的这位年轻画家就不同了，他暗暗思索：对方现在是我唯一的竞争对手，把他画得太美，无疑将对自己不利，不如略微把他画得丑一些，这样对于向来喜欢洁净、纯美的大师来说，自己就不知不觉中多了一份胜算。于是，他就着意渲染对方脸盘的粗糙，着意渲染对方脸上那个不太明显的痦子。

两个年轻人都很快画好了，应该说来，这两幅作品都是他们难得的得意之作。他们把各自的作品交给大师，心怦怦地跳着等待大师的评判。大师拿起两幅画又再三瞧了瞧这两个实力都着实不俗的年轻人，最后大师对从美院刚刚毕业的那个年轻人说:“很遗憾我们两个没有师生的缘分。”这个年轻的画家很不解，问大师为什么这么快就做出了选择，大师叹了一口气说:“从事美术创作需要一种天赋，那就是从平凡中发现美，渲染美，不管他是你的敌人还是你的竞争对手，你都要观察和着意表达他的美，不能因为其他的因素而掩盖对方的美。画出你的对手美，画出你的敌人美，这才是一个人能成为杰出画家所必需的天赋和胸怀，这样的画家才会有前途，才具有成为画坛大师的天赋。”这个年轻人明白了，惭愧地背起自己的画板低着头走了。

是的，不管他是你的对手或朋友，也不管他对你有什么潜在的敌

幾人相憶在江樓

子愷

意，用你宽容的心去客观地看待他，用你的善良去仔细发觉和渲染他那一点点的美，那么你就拥有了一种生命博大的气度，你就拥有了一种成为伟人的天赋。

心灵的善良，往往是一个人人生成功的最大天赋。

[书外人语] 现代社会，竞争异常残酷激烈，在一些人看来，善良已经成为成功的绊脚石，要成功就得不择手段。事实上，这种看法是极其错误的，失去了善良的品格，你或许会在物质上取得暂时的成功，但在精神上，你永远是个失败者。

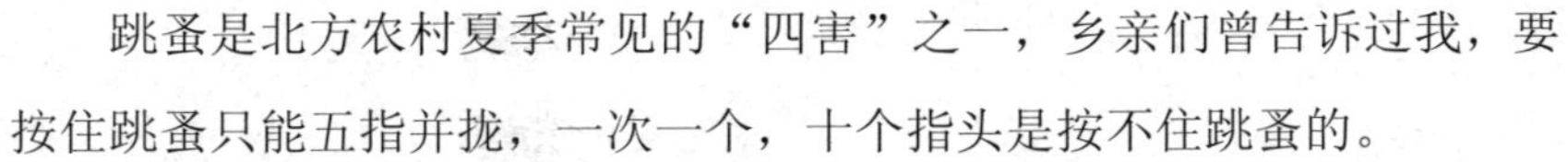

十个指头按不住跳蚤

| 阮 直

跳蚤是北方农村夏季常见的“四害”之一，乡亲们曾告诉过我，要按住跳蚤只能五指并拢，一次一个，十个指头是按不住跳蚤的。

十个指头按不住跳蚤，可是眼下，人们都想十个指头按跳蚤。当上小官又想当大官，一边读学位，一边又考着职称，舍不得名声，又放不下金钱，丢不下老婆，又不断绝情人；红苹果啃，青苹果又不扔；看着人家下海成功，也要去试；听说人家炒股发财，也要去买。其实现在许多人都是“名片”上的能人，“证书”上的成就，真正有抱负、成事业者寥寥无几。

欲望太多，必心急浮躁，埋头做学问的人少了，都恨不得一夜暴富，一蹴而就，一伸手，就按住十个跳蚤。踢球不踢中场，一脚就传到禁区，再一脚就射门，连为欲望付出的汗水都想回收、出售；连送给女友的鲜花，都想约会后再卖了它；连封情书都不写就想得到爱情，连爱情的过程都省略了，就想直入“主题”。

当今之人，太缺乏古人的那种专一、执著的精神了，李白、杜甫一生就写诗，陶潜说放弃，就不再为官，诸葛亮辅主，就绝无二心，徐霞客一生就是行路，曹雪芹一生就想写好一部书，梅兰芳就唱一个“角”，盖叫天就演武生戏，哪像现在的人，“两栖”发展到“三维立体”，“三维立体”又演变为“多媒体”啦，当今的“博士”虽多而没多少是真正的“专家”。

十个指头都用上，跳蚤反而跑了。

[书外人语] 古人云：鱼与熊掌不可兼得。什么都想得到得结果往往是什么都得不到。千鸟在林，不如一鸟在手，踏踏实实地做好手中的事吧！

土狼与角马

刘墉

每次遇到好玩又不专心的孩子，我都要说个故事。

那是我在教育台播放的非洲影片里看到的——

一群小角马在嬉戏，其中一只特别活泼，忽左忽右地又蹦又跳，还一下子飞快地冲到远处，再突然停止，头一扭，跑回同伴的身边。

远处有一只土狼，蹲在那儿，静静地看。它不动，直到小角马跑累了，停下来，土狼才突然冲过去。

在那纪录片里，镜头拉开，成为大远景，只见草原上成千上百只角马。但是土狼只追那一只小角马，它认准目标，好像仇人一般:“就是它!”即使土狼从其他角马身边跑过，距离别的角马比小角马还近些，它也不改变目标，追到底。

小角马确实快，快得平常土狼绝对追不上。只怪它先前又蹦又跳消耗太多了体力，土狼又穷追不舍。

小角马终于不支，被土狼一口咬死。

你可以爱玩，但是要由小角马的教训中知道，玩要得看时候、场合，不要因为贪玩而耗费体力，失去戒心。

你想成功，就要学习土狼的专心，它不急不躁，静静观察，等待最佳时机才出手，而且既然认定目标，就锲而不舍，奋斗到底。

[书外人语] 我们要吸取小角马的教训，更要学习土狼的专心——做什么事情都要有专一的精神，绝不能朝三暮四、朝秦暮楚。

尊重别人的选择权

| 冯骥才

一位美国官员在我国南方某城旅游。陪同人员说，今天我们去郊外看一个古庙。去时走一条路线，回来走另一条路线，因为两条路线风景不同。这官员很高兴这样安排。到了古庙玩了许久，回来时这位官员发现走的仍是去时的路线，很不高兴。陪同人员解释说："你玩得太累了，另一条路线太绕，路程要多半个小时，所以还走来时这条路。"谁料官员听了很恼火。陪同人员也很气恼，认为这位美国人不懂好意，弄得双方都不愉快。回来后，同去的一个外国人对陪同人员说："你不知道美国人的习惯，事先定好的，他们不喜欢随便改动。如要改，应当与他商量。把两种方法都告诉他，由他自己选择。他们不愿意别人替他们选择。"

这故事挺有趣，是观念不同造成的误会。对西方人来说，选择权是个人最重要的权利之一。他们个人选择权限很大，比如对居住地的选择，对工作的选择；大学生学习科目由自己选，凑足学分便能毕业；教授开什么课也由自己决定，他的想法可能挺怪，但别人不能干涉他，除非没人听他的课，他乖乖地再进行自我调整。做什么任由自己，成败听其自然。这样，个人志趣发挥的机会便多。

由他们这一观念出发，他们认为，不侵犯别人的选择权，是对别人权利的尊重。每见外国人与中国派出的人员研究日程安排，中国人总是客气地说：很好很好，都行都行。往往心里不满意也不好意思说。其实外国人按习惯正是把选择权交给你。而中国人勉强自己，也正因为由别人代替自己选择惯了。

东西观念的碰撞必定会激发误解。但我们是否应该深思：保障人权，应该保障哪些人性的、人文的、人心的权利呢？

[书外人语] 每个人都有自己的想法，你可以给别人建议，但不能替别人做主，尽力做到尊重每一个人的选择权，你会发现，赢得别人的尊重其实是一件很容易的事情。

华莱士和蚁熊

| 刘宝海 编译

华莱士是美国哥伦比亚大学生物学德籍客座教授，他考察亚马孙河热带雨林动植物的种类、习性及生态平衡，著作颇丰。他专门追踪一种叫蚁熊的动物。蚁熊顾名思义就是吃蚂蚁的熊，它是世界上最大的食蚁兽，平均每天要吃1.8万只蚂蚁。

让华莱士大为惊奇的是，蚁熊有一种特殊习性：它吃蚂蚁时绝对不会赶尽杀绝，每挖开一个有成千上万只蚂蚁的窝，它只把一小部分蚂蚁吃掉，最贪婪时吃500只，其他的全部放生。径自寻找下一个蚂蚁窝。蚂蚁虽小，有时竟集合起来把鲜活的大蚯蚓拖入蚁穴吃掉。蚁熊见到此情景从不惊扰蚂蚁，让它们饱餐美味佳肴。华莱士对此十分感兴趣，研究其中的道理：蚁熊为何大讲“蚁道主义”？因为它很清楚，要使自己的种群在地球上生存，就必须让蚂蚁家族子子孙孙生存繁衍下去。它的仁慈宽厚实际上来自自身生存和发展的需要。这是生物链的自然平衡现象。

华莱士从蚁熊那里得到启示：人类要有节制地利用地球上的有限资源，尤其是日趋减少的能源。赶尽杀绝、吃光、采光、用光，最后斩杀的是人类自身。华莱士向美国政府提出建议：立即停止开采仅有20年储量的本土石油，给子孙后代留做遗产。大力开发水力、风力、潮汐、太阳能、海洋温差发电等不花钱的自然资源。美国政府接受了他的合理建议，美国本土的油井于2000年1月1日全部封井停钻。

华莱士教授严肃地说：“蚁熊是我们人类的老师！我们要珍惜地球上每一‘滴’资源，不要把它变成人类最后的一滴眼泪！”

[书外人语] 作为整个地球物质链中的一环，人类要想永久的繁衍生存下去，就一定要有节制的利用地球上的有限资源。

一时的消极念头

英格丽·褒曼18岁的时候，梦想在戏剧界成名，可是她的监护人——奥图叔叔却要她当一个售货员或者什么人的秘书。但他知道褒曼非常固执，于是答应给她一次机会，去参加皇家戏剧学院的考试，考不上就必须服从他的安排。

考试的前几个星期，她给皇家剧院寄去一个棕色的信封，如果失败了，棕色的信封就退回来；如果通过了，就给她寄来一个白色信封，告诉她下次考试的日期。

英格丽·褒曼精心准备了一个小品，表演一个快乐的农家少女，逗弄一个农村小伙子。她比他还大胆，她跳过小溪向他走去，手叉着腰，朝着他哈哈大笑。

考试那天，英格丽·褒曼出台了，她跑两步往空中一跳就到了舞台的正中，欢乐地大笑，紧跟着说出了第一句台词。这时，褒曼很快地瞥了评判员一眼，使她惊奇的是评判员正在聊天，他们大声谈论着，并且比划着。英格丽·褒曼见此情景，非常绝望，连台词也忘掉了。她听到评判团主席说：

"停止吧！谢谢你……小姐，下一个，下一个请开始。"

英格丽·褒曼仅在舞台上待了30秒钟就下台了，她什么人也看不见，什么也听不见，她只知道她能做的只有一件事：投河自杀。

她来到河边，看着河面，水是暗黑色的，发着油光，肮脏得很。她想，等她死了别人把她拖出来的时候，身上会沾满脏东西，还得吞下那些脏水。"唔！这不行。"她把自杀的念头打消了。

第二天，有人告诉她到办公室去取白信封。

白信封?! 她有了白信封?!

她真的拿到了白信封。她考取了。

若干年以后，英格丽·褒曼碰到了那个评判员，便问他：

"请告诉我，为什么在初试时你们对我那么不好？就因为你们那么不喜欢我，我曾经去自杀过。"

那评判员瞪大眼睛望着她：

"不喜欢你？亲爱的姑娘，你真是疯了！就在你从舞台侧翼跳出来，来到舞台上的那一瞬间，而且站在那儿向着我们笑，我们就转身彼此互相说着：‘好了，她被选中了，看看她是多么自信！看看她的台风！我们不需要再浪费一秒钟了，还有十几个人要测试呢！叫下一个吧！”’

英格丽·褒曼差点被一时的消极念头毁了自己的前程！

[书外人语] 很多时候，我们之所以失败，并不是因为事情本身有多么的困难，而是因为我们内心所产生恐惧感和消极念头。

让苦难芬芳

乔 叶

最近认识的一个朋友，是个农民，做过木匠，干过泥瓦工，收过破烂，卖过煤球，在感情上受到过致命的欺骗，还打过一场三年之久的麻烦官司。现在他独自闯荡在一个又一个城市里，做着各种各样的活计，居无定所，四处飘荡，经济上也没有任何保障。看起来仍然像一个农民，但是他与乡里的农民不同的是，他虽然也日出而作，但是不日落而息——他热爱文学，写下了许多清澈纯净的诗歌。每每读到他的诗歌，都让我感动，同时惊奇。

“你这么复杂的经历怎么会写出这么柔情的作品呢？”我曾经问他，“有时候我读你的作品总有一种感觉，觉得只有初恋的人才能写得出。”

“那你认为我该写出什么样的作品呢？《罪与罚》吗？”他笑。

“起码应当比这些作品沉重和黯淡些。”

他笑了，说：“我是在农村长大的，农村家家都储粪。小时候，每当碰到别人往地里送粪时，我都会掩鼻而过。那时我觉得很奇怪，这么臭这么脏的东西，怎么就能使庄稼长得更壮实呢？后来，经历了这么多事，我却发现自己并没有学坏，也没有堕落，甚至连麻木也没有，就完

全明白了粪和庄稼的关系。”

我看着他。他想做一个怎样的比喻呢？

“粪便是脏臭的，如果你把它一直储在粪池里，它就会一直这么脏臭下去。但是一旦它遇到土地，情况就不一样了。它和深厚的土地结合，就成了一种有益的肥料。对于一个人，苦难也是这样。如果把苦难只视为苦难，那它真的就只是苦难。但是如果你让它与你精神世界里最广阔的那片土地去结合，它就会成为一种宝贵的营养，让你在苦难中如凤凰涅体会到特别的甘甜和美好。”

这个智慧的人，他是对的。土地转化了粪便的性质，他的心灵转化了苦难的流向。在这转化中，每一场沧桑都成了他唇间的美酒，每一道沟坎都成了他诗句的花瓣。他文字里那些明亮的妩媚原来是那么深情、隽永，因为其间的一笔一画都是他踏破苦难的履痕。

他让苦难芬芳，他让苦难醉透。能够这样生活的人，多么让人钦羡。

后来，我把他的一首小诗抄录下来，作为自己的座右铭：

我健康的赤足是一面清脆的小鼓

在这个雨季敲打着春天的胸脯

没有华丽的鞋子又有什么关系啊

谁说此刻的我不够幸福

[书外人语] 生活所赐给你的一切都是弥足珍贵的财富。有人之所以抱怨，是因为他总以为别人手中的是芬芳的鲜花，自己手中的是“粪便”。

◉第五辑

［爱的时光］

鱼眼里的爱情

| 周长鲲

第一次与男友吃饭——哦，不，是前男友了——是在一家淡水鱼餐馆。

那时，她刚大学毕业，很矜持，话很少，又低着头笑。

一条鱼，一条叫不出名字的鱼，是那天饭桌上的唯一一个荤菜。鱼身未动，男友先搛起鱼眼放到她面前:“喜欢吃鱼眼吗?”

她不喜欢，而且她也从来不吃鱼眼，却不忍拒绝，羞涩地点了点头。

男友告诉她，他很喜欢吃鱼眼。小时候家里每次吃鱼，奶奶都把鱼眼搛给他吃，说鱼眼可以明目，小孩吃了心里亮堂。可奶奶死了后，再也没有人把鱼眼搛给他了。

其实想想，鱼眼也并没有什么好吃的，男友笑着说，只是从小被奶奶娇宠惯了，每次吃鱼，鱼眼都要归我——以后，就归你了，让我也宠宠你。男友深深地凝视着她。

她想不明白，为什么鱼眼就代表着宠爱。明不明白无所谓，反正以后只要吃鱼，男友必会把鱼眼搛给她，再无限怜爱地看着她吃。

慢慢地，她习惯了，习惯了每次吃鱼之前都娇娇地翘起小嘴等着男友把鱼眼搛给她。

分手，是在一个寒冷的冬天。那时男友已在市区买下了一套房子打算结婚了。她哭着说她不能，不能在这个小城市过一生，她要的生活不是如此。余下的话她没有说——因为她美貌，因为她富有才华，她不甘心在这个小城市待一辈子，做个小小的公务员。她要如男人一样成功，要做女强人，要实现她年少时的梦想。

他送她走时，她连头都没有回一下，走得很坚决。

在外面拼搏多年，她的梦想终于实现了，她已经拥有一家像模像样的公司了，可爱情始终以一种寂寞的姿态存在，她发现自己再也爱不上谁了。

这么多年在外，每有宴席必有鱼，可再也没人把鱼眼搛给她了。她常常在散席离开时回头看一眼满桌的狼藉，与鱼眼对视。

一次特别的机会，她回到了曾经生活过的那个小城。昔日的男友已经为人夫了，她应邀去那所本该属于她的房子里吃晚餐。他的妻子做了一条鱼，他张罗着让她吃鱼，搛起一大块细白的鱼肉放到她的碟子里，鱼眼给了他的妻子。

这么多年无论多苦多累都没有掉过眼泪的她，忽然就哭了。

[书外人语] 事业和爱情究竟哪个重要，我们不能说女主人公的选择是错误的，但除此之外也许还会有更好的选择。

50年时光背后的爱情真相

| 宏 兰

黄俊峰在台湾做宝石生意，华屋靓车一应俱全，惟年近古稀仍坚持独身，不近女色，当然膝下更无子女。老友们在唏嘘不解中，硬把黄先生拽到了香港凤凰卫视，让他在《情缘今生》栏目中一吐深藏于内心的秘密。

原来，51年前，18岁的黄俊峰随做生意的父母从宁波移居北京，结识了一位绝色佳丽。这个名叫媛妹的女孩，清纯窈窕，明眸多情，把个英气勃发的黄俊峰迷得神魂颠倒，茶饭不香。只是黄俊峰从小家教甚严，加上他本人生性内向羞涩，便不敢轻易对女孩表白爱情。

一晃3年过去了。

21岁时，黄俊峰又要随父母移居美国，临行前，在女孩家门口遥望了一整天，并为离别而心痛如绞，泪水奔涌。此后，在生意场上飞黄腾达的他，不论身处繁华开放的纽约，还是霓虹耀眼的香港，虽碰见过无数美好女子，但北京的媛妹却一直在他的心灵深处亭亭玉立，无人可以替代。他无数次在梦中与媛妹执手相视，爱得缠绵缱绻……

凤凰卫视主持人问黄俊峰："你一生不娶妻生子，只为媛妹吗？"黄先生点头。再问："这样做值得吗？"他深情回答道："我宁愿赴汤蹈火，只要能得到媛妹的爱。如果有机会让我再睹其芳容，我也宁愿用我数千万家产换得美人一笑！"主持人告诉黄先生，在这次访谈之前，他们已根据黄先生朋友提供的线索找到了媛妹，并拍摄了一集她的生活短片。黄先生大感惊异。

屏幕上，一位身材臃肿的老妇人出现了。正和邻居聊天的她，门牙已掉了几颗，花白的头发稀疏地搭在额前，眼神则显得苍俗无力。她时不时地搔搔头，掏掏耳朵眼，而且还随口用"他妈的"骂自己那两个淘气的孙子，生气时竟脱下鞋子拍向其中一个。到了做饭时间，她用刚扫过地的污手操刀切肉，过后，又将油腻腻的双手往衣服上一擦了事……

看到这里，黄俊峰头上已是大汗淋漓，脸色忽白忽红。他嘟囔道："这不是我的媛妹！"主持人问他，媛妹是否曾在京城汇仁女子中学就学，脖颈处是否有一黑痣，黄先生逐一点头。随后，主持人在屏幕上展示了一张悬挂在老妇人堂屋中的旧相片，相片中的女孩留着齐额刘海，穿一件对襟小袄，显得青春逼人。黄先生顿时泪流满面，嗫嚅道："还真是媛妹啊，她怎么会变成现在这样啊！"

主持人又问黄俊峰："你现在想去见她吗？你对她目前的生活状态感受如何？"黄先生黯然地蜷坐于沙发上，一语不发。看得出，他对自己当年如花似玉、清纯灵秀的心仪少女，如今竟变成一个粗俗的老悍妇这一事实备感震惊且万分困惑。

节目临近尾声时，主持人又试探着问黄俊峰，他是否还想与那个让他迷恋一生的媛妹重结情缘，哪怕只是见上一面也好？黄先生低垂着头，哀怜道："不必了，我已经看到她了。原来这50年的等待和梦想，只是……"他没有再说下去，末了却不无伤感地自语道："从今天开始，我要找女朋友约会了！"

回到台湾后，黄俊峰脱胎换骨般开始频频接触生活中情投意合的女子，惬意地享受着男欢女爱，甚至幻想在如此高龄能做父亲，延续黄家香火。老友们颇觉诧异，他们当初只是想通过凤凰卫视了却黄俊峰心底的宿愿，告慰他50年来对爱情的忠贞不渝，可万没想到，旧日情人现状的昭然若揭，竟会让他从此改变生活轨道。

其实，每张脂粉扑就的面孔后面，都隐藏着细小的皱纹；每份完美无瑕的爱情，都可能有它粗俗不堪的细节；每一个令人心旌激荡的梦想实现本身，都意味着平凡甚至残酷的真实。

友人曾问黄俊峰："你后悔自己知道媛妹的真相吗？"黄先生答道，他不后悔，而且他对自已为媛妹守身50年永远都不会后悔。毕竟，媛妹曾给了他长达50年的巨大精神支撑啊！对此，凤凰卫视的主持人也说，他们这次之所以狠心埋葬掉一份持续半个世纪的情缘，恰恰是为了让黄老先生能摆脱那段旧爱在他心底的纠缠，用余生去触摸生活中真实的幸福。

［书外人语］这个故事告诉给我们的其实不能说是爱情真相，而是生活真相。种种原因，黄老先生让自己的感情定格在了50年前，这种相思并不能说是真正的爱情。50年的时光会让整个世界都面目全非，何况当年的一个少女呢？假设他们当年就能够在一起，时间又会给出一个什么样的答案呢？

茶苦茶香

| 王虹莲

他爱上她的时候就发现了，这个女孩子是如此的爱喝茶，而他从来不爱喝茶，入口就是苦涩，所以，冰箱里总是各式各样的饮料，而她总是笑着说，早晚有一天，你会爱喝茶的。

他想，江南的女子大概都爱喝茶吧，一杯上好的龙井或者碧螺春往往就是一首诗呢，这是她说的。所以，他以后去江南出差，总是买了最好的明前茶给她，爱情就是这样吧，如果爱了，就愿意给爱人最好的。

而他依旧喝他的饮料，从冰箱里拿出来，一打即喝，不像她似的，要那么讲究的茶具，还要一步步慢慢地运作，他像在看茶艺表演。多累啊，他总是笑话她，说她注重过程比结果更甚，而她说，没有精彩细致的过程，怎么会有好的结果？

但他爱看她喝茶，她手捧一本旧书，放了古筝的曲子，长发柔柔地飘下来，然后她手执那精致得不像样子的茶具，一小口一小口地喝着，真是一幅好画，那一刻，他是喜欢的。

她和他说过，一斤茶叶要采七万个幼芽呢，那一刻他惊住，不相信要采七万下才得这一斤茶。她笑说，就像好的爱情，也许要历经很多次的风雨才能达到吧，而他不信。当然，他依然坚持喝自己的饮料，这般的方便和刺激，像广告上说的，晶晶亮透心凉，夏天里一杯冰凉的饮料，多爽啊，比喝那热热的茶要舒服多了！

后来结了婚，她依然是积习难改，只是生活的忙碌让他有些看不惯她的做派了，永远一副懒散的与世无争的样子，像泡在杯子里的那温温的茶。其实，她的性格也像那茶，温润的、散漫的、自然的，只是他，越来越不习惯了。于是他说，别把那些光阴浪费在那些茶上吧，你也可以尝试着喝饮料啊。

而她笑说，不习惯。第一次，他讨厌她那慢吞吞的样子，永远和现实有一步距离，不像那些和他一起泡酒吧的女孩子，真炫啊，什么都敢喝下去；而她，单调到只是喝茶，而且长年一个人在家里喝，一个姿势，仿佛永远不厌倦。

但他倦了，对于婚姻的厌倦就像讨厌那屋子里散发着苦涩味道的茶香，很快，他们分开了。她走了以后，屋子里没有淡淡的茶香，开始他觉得很好，还找了一大帮臭味相投的人来家里喝酒聊天，结果弄得家里乌烟瘴气，烟草味混合着酒精味，家里再也没有那种清香的气息了。

他一个人过了很久。

他还是喝饮料，但久了才发现，这种东西喝多了胃胀，而且色素太多，刚喝下去刺激，时间越长胃越不舒服。有一天，他一个人实在闷，整理旧物，忽然看到抽屉里还有一罐封存得很好的碧螺春，于是他找了一套她留下的茶具，然后自己简单地冲了一壶茶，放了一年多的茶，居然还是那么清香，很快，茶的清香弥漫了整个屋子，他忽然感觉到眼睛酸酸的，这么久了，他才知道，那些气息对于他来说是如此的熟悉，甚至有了一种久违的亲切。

他喝了第一口茶，苦涩，先是舌尖，然后迅速达到舌根，他皱了一下眉；然后他再喝，居然喝出了温润，一下到了胃里，极温暖，像是一把熨斗在熨。他想起她说过的，喝茶是在品生活的味道。喝到第二杯，如在空灵的雨中禅寺，于是想起恋爱时她喝茶的样子，那样的清丽与不俗。喝到第三杯，已是有了淡淡的甘甜，他才知道，茶到三杯原是淡淡的香和淡淡的甜，只是，他一直没有耐心喝到第三杯，就像他们的爱，没有等到好好体会到爱情的美好就中途散了场，落得了无言的结局。

后来，他也爱喝茶了，当然，又结了婚，新婚的妻子问他，怎么这么爱喝茶啊？他总是笑着，淡淡地说，茶苦茶香，并不是一朝一夕能品味出来的，因为很多人没有耐心品到茶的甘甜就放弃了。

所以，他总是还会想起她来，只不过，是在那偶尔喝茶的午后，因

为是她教会了他——原来，爱是一个慢慢的等待的过程，就像从茶苦到茶香。

［书外人语］张小娴曾经说过：爱，从来就是一件千回百转的事。不曾被离弃，不曾受伤害，怎懂得爱人？愿每个人在拥有时都学会珍惜。

执子之手

［英］莉莉•莲安　王流丽译

5岁时，她在贫民区的巷子里被几个孩子拦住。她的快餐盒和水晶发卡被抢走了。她在惊恐中放声大哭时，一个男孩跑过来，赶走了那些孩子，然后牵着她的手，陪她回家。当时，她忘了问他的名字，只记得他手心的暖。

6岁，她转到新的学校上学。她的小礼服裙与其他同学朴素的衣着相比，显得格格不入，于是她低头不语。班长见状走过来，牵起她的手。这时，她看见了那双她印象深刻的浅蓝色瞳仁。她记得他手心的温度。

她12岁毕业后考入一所私立中学，这时她才发现，自己已经不习惯没有他牵手的日子。放学后，她跑过好几个街区，到他的学校找他，正巧碰上他和一个漂亮的女孩子说话。她伤心了很久。

14岁时，有一次，她躲在角落里看他打篮球，结果被他发现。他又好气又好笑地拖着她，坐到了最前排的座位上。她觉得他的手变大了，那样有力，没变的是熟悉的温暖。

16岁那年，她坚持要他吻她。他犹豫着说，他家很穷，怕配不上她。她不让他说下去，踮起脚尖主动吻了他。那个晚上，他跑到树林里，摘了一大捧娇艳的野玫瑰送给她。隔着她家后院的铁栏杆，她把他伤痕累累的手贴到了自己的脸颊上。当时，她觉得，一生的幸福亦不过如此。

19岁时，她考进了外地的一所大学。一个寒冷的清晨，她站在空荡荡的站台上，向浓雾弥漫的铁轨尽头眺望。因为，他已经攒够了旅费，要从遥远的家乡来看她。火车还没停稳，他就跳上了月台。看到她的脸冻得通红，他一下子把她揽进自己的大衣里。

她满24岁时，她父亲找到他，以她一生的安定幸福为由，建议他离开。预感到这将是一场诀别，临行前，他在她窗下站了整整一夜。第二天早晨，她推开窗，看到院墙的每一根栏杆上都别着一朵枯萎的玫瑰，还有一地凋零的花瓣。

25岁时，她结了婚，随先生移民国外。

她一生安定富足。

她75岁那年，丈夫去世了。儿子已经事业有成，执意接她回国同住。不料，3个月后的一个清晨，她醒来后发现，自己再也看不见家乡美丽的阳光了。儿子急匆匆请来当地最好的医生。那个白发苍苍的老专家在走进房间的一瞬间，突然愣住了。

老专家颤抖着走向她，仿佛回到了50年前。轻轻地，他握住轮椅扶手上她瘦骨嶙峋的手。这时，她脸上的皱纹突然凝住，然后又舒展开来。她摸索着，把那只同样苍老的手贴到了自己的脸颊上，喃喃地说："就是这个温度。"

她的眼睛虽然治不好了，但他还是满心欢喜地娶了她。结婚那天，她挽着他缓缓地走在红地毯上，闻到整个礼堂里都是红玫瑰圣洁甜美的芬芳，她泪光闪闪，感觉自己还像70年前那个被他牵着的小姑娘。

［书外人语］只要心中藏着爱，天涯海角都可以带着走；只要心中还有爱，历经沧桑也会重逢。

亲爱的，我不会再乱穿马路

翻跟斗方法

和蓝的分手，似乎是上天故意安排的，蓝其实是个不错的女孩，无论是容貌还是性格，都让人无可挑剔。我知道有很多人都在笑我这样做有多傻。可是我还是主动和她分手了，尽管我是那样地不舍。

和蓝分手后的第一天，蓝起得特别晚，管宿舍的阿姨进门三次，看到的都是她蒙着被子，一动不动地蜷缩在床铺上的样子。阿姨没有说什么，叹着气轻轻地把门关上。蓝起来的时候已经是11点了，上午的课是上不成了，卫生间的镜子里出现的是一张憔悴的眼角带着泪痕的容颜。

蓝无事可做，宿舍里就她一个人，于是下楼到餐厅里帮几个姐妹买午餐，蓝点了三鲜豆腐、糖醋排骨、番茄炒蛋和西芹鱼柳，这些都是我平时最喜欢吃的。离她们下课还有一段时间，蓝神情呆滞地坐着，面无表情地望着菜肴出神，连我悄悄地坐到她的邻桌，她也没有察觉。

餐厅里的人渐渐多了起来，小睦她们说笑着来到蓝的身边，看到蓝那样便不笑了。小睦一坐下来便说今天的菜好香，蓝没说什么。大家相互使了个眼色，自顾自地吃了起来。期间不时插进一些无关紧要的话语。对面那桌一对情侣正旁若无人地大声调情，蓝还是无动于衷，自始至终都嚼着一粒米饭，筷子从未夹过一口菜。

和蓝分手后的第二天，蓝化了很浓的妆，衣着娇艳地出现在西区的一个酒吧。

蓝坐在吧台边，一杯接一杯地喝着不知名的烈酒。吧台上一字排着十几只空酒瓶，蓝不让老板收去，固执地往胃里灌着那滚烫的液体。酒吧里回荡着电子迷离的音效，舞池中充斥着放纵的尖叫。蓝随着音乐有节奏地摆动着，旁边一个男人不怀好意地靠过来，对蓝说，小姐你好漂亮。蓝说，是吗？眼神暧昧地看着那个足可以做她父亲的男人。

然后男人说小姐你喝醉了，要不要我开车送你回家。蓝说好啊，冷笑着抓起酒杯就往男人脸上浇去。男人极为恼火，挥起手掌要扇蓝一个耳光的时候，被几只有力的手抓住，几乎要被摁倒在地。原来小睦拉了班里几个男生找到了这里。

小睦说蓝你别这样，你这样我们大家都会心痛的，蓝说你们不要管我，让我醉死好了。蓝说什么也不走，于是几个男生一起把她拖出酒吧，塞进了出租车。

酒吧里发生的一切我都知道，因为我当时正坐在酒吧昏暗的角落，自始至终都在看着蓝。

蓝被拖回宿舍的时候，正好是宿舍关门前一分钟，被扔到床上的时候还嚷着还要喝喊着喊着便不省人事了。

我和蓝分手后的第四天，蓝已经躺在医院的病床上两天了，原来她从那晚酒醉后便一直昏迷不醒，昏迷中一直不停地唤着我的名字。其间小睦她们轮流到医院照看她。

和蓝分手后的第六天，我想我应该回到她的身边了，我站在她的病床前，洁白的床单映衬着她苍白的脸。我默默地陪着她一整夜，直到她快要醒来的时候才悄悄地离去。

和蓝分手后的第六天，蓝出院了。

蓝出院后的第一件事就是把自己一个人关在卫生间里，折腾了几个小时后出来，室友们进去后大呼干净！

一向嘻嘻哈哈的蓝从此变得沉默寡言，脸上总是给人一副冷酷的表情，或者应该说是冷艳。几个好友看在眼里都知道，蓝一直没有把我忘记，一直在怀念过去那段感情。

蓝开始特别用功，每天都在图书馆自习到关门，成绩也突飞猛进，自己担任的学生会的各项工作也都干得非常出色，得到了老师和同学的一致好评。

和蓝分手后的第二年，蓝被选举担任系里新一届的学生会主席，我知道这很不容易，因为她是个女孩。蓝知道自己责任重大，从此更加努力地学。大三刚开始蓝就在为考研做准备。理所当然，蓝成为了系里的知名人物，班主任教育大一的新生时，都把蓝和其他几个同学作为榜样宣传。还没到毕业，就有好几家知名公司要和蓝签合同。

和蓝分手后的第三年，蓝顺利考入一所名牌大学，攻读硕士研究生。

蓝身边始终不乏比我优秀的男生追求，可是蓝却从不理会，除了一个叫凌的男孩。蓝也只是把他当大哥哥般，从没有和他发生过什么。而在别人眼中，他们的关系似乎十分暧昧。

和蓝分手后的第九年，我收到了蓝要结婚的消息，新郎就是凌。

在离结婚还有半个月的时候，蓝坐在新房客厅崭新的沙发上，给亲朋好友们写喜帖。蓝的脸上挂着幸福的微笑，越发楚楚动人。我知道很多人都会收到蓝的喜帖，除了我。

蓝打开一张张印着金色双喜的大红喜帖，在上面郑重地写上新郎新娘的名字。

在蓝写到第二十张喜帖的时候，我愣住了，那二十张喜帖上，新郎那一项赫然都写着我的名字！而蓝似乎还没有要停下的意思。

我的眼泪终于掉了下来，在我们分手后的第九年，我第一次流泪，而蓝她不会看到，谁也看不到。因为，鬼魂是没有眼泪的。

如果时光能够倒流的话，我绝不会因为赶时间而乱穿马路，结果让灵魂离开了身体的那天，正好是蓝的生日，我手里还提着一只克莉斯汀的蛋糕。

[书外人语] 真正的爱情是时光可以磨灭的吗？不会的，它会贮存在心底最深处，与生命同在，与灵魂同在。

永远的蝴蝶

台湾 陈启佑

那时候刚好下着雨，柏油路面湿冷冷的，还闪烁着青、黄、红颜色的灯火。我们就在骑楼下躲雨，看绿色的邮筒孤独地站在街的对面。我白色风衣的大口袋里有一封要寄给在南部的母亲的信。

樱子说她可以撑伞过去帮我寄信。我默默点头，把信交给她。

“谁叫我们只带来一把小伞哪。”她微笑着说，一面撑起伞，准备过马路去帮我寄信。从她伞骨渗下来的小雨点溅在我的眼镜玻璃上。

随着一阵尖利的刹车声，樱子的一生轻轻地飞了起来，缓缓地，飘落在湿冷的街面，好像一只夜晚的蝴蝶。

虽然是春天，好像已是秋深了。

她只是过马路去帮我寄信。这简单的动作，却要叫我终身难忘了。我缓缓睁开眼，茫然地站在骑楼下，眼里裹着滚烫的泪水。世上所有的车子都停了下来，人潮涌向马路中央。没有人知道那躺在街面的，就是我的蝴蝶。这时她只离我5公尺，竟是那么遥远。更大的雨点溅在我的眼镜上，溅到我的生命里来。

为什么呢？只带一把雨伞？

然而我又看到樱子穿着白色的风衣，撑着伞，静静地过马路了。她是要帮我寄信的，那，那是一封写给在南部的母亲的信，我茫然地站在骑楼下，我又看到永远的樱子走到街心。其实雨下得并不大，却是一生一世中最大的一场雨。而那封信是这样写的，年轻的樱子知不知道呢？

妈：我打算在下个月和樱子结婚。

[书外人语] 永远的蝴蝶，会永远地飞在记忆里，成为一生永远的伤痛。

砂　粒

|赵 源

很久很久以前，在寂静的海底躺着两粒砂。他们相距两尺。一粒砂爱上了另外的一粒。他凝视着意中的砂，平安幸福地过了好多年。水下风平浪静，砂粒觉得很幸福，因为他知道有所爱的砂可以让自己凝视，不用管水面上的台榭焦土，沧海桑田。

沙滩上出现恐龙的脚印。潮水涌来，脚印消失了，没有留下任何痕迹。这与海底的砂粒无关，但是在这一时刻他忽然冒出了一个念头：要到自己所爱的砂粒面前对她说爱她。于是砂粒开始了漫长的旅途，他一点一点地滚动，不放过任何一点儿动力，不管是细如发丝的暗流还是鱼们搅起的微弱漩涡。每当有这种力量，他总觉得很感激上苍。

沙滩上的脚印换成了剑齿虎的，潮水仍然无声地抹去了这个生物的印记。砂粒距离他所爱的另一粒砂只有三寸了。

再往后，沙滩上出现了人类的脚印，当潮水再一次将这些脚印抹掉的时候，砂粒终于来到了意中砂的面前。他痴痴地看着自己所爱的砂，想想自己在两亿年间所走过的漫长的两尺，瞬间感到天上地下所有的幸福全部都堆砌在自己一个人身上，两粒砂互相看着，不说什么。很久。砂粒终于决定要开口了。

正在这时一股水流涌来，巨大的吸力使砂粒漂起来，被吸进了一个洞里。他最后一眼看了看自己爱着的砂粒，不知该说什么，这时洞口合上了，顿时一片黑暗。他知道自己被一个蚌捕获了。

在以后的岁月里蚌偶尔会张开壳，砂粒还能看看外面的世界，这时他就看到那另一粒砂也在不远的地方凝视着自己。砂粒知道，世界是美好的。因为在光阴无法侵袭的海底，有另一粒砂在等待着自己。

某个时刻砂粒忽然觉得蚌有一点摇动，不久蚌壳打开了，映入眼帘的是海面、阳光、船和人类，人类用欣喜若狂的眼神望着他，他环视一下自身，知道自己已经变成了珍珠。这粒珍珠圆润硕大，对人类而言是无价之宝。可对珍珠的制造者——死去的蚌来说只是一个带了些痛苦的意外。很快珍珠就被镶嵌到了王冠上。已经变成珍珠的砂粒觉得很悲哀，但是并不绝望。因为他相信，另一粒砂在海底，痴痴地然而永远地等待着他。

砂粒在王冠的顶端看着百官朝拜，看着国王老去，看着帝国衰落，随后国王终于死去了。王冠被用来陪葬。当王冠被放到棺材里的时候，他听着墓穴被关上，心里想着的是在海底等待自己的另一粒砂。他并不惊讶，因为他有的是时间。他曾为了两尺距离整整旅行了两亿年。

黑暗的墓穴并不寂寞。时常有老鼠之类的来和他做伴。他独自呆着，不知道光阴的流逝。后来墓穴被打开了，两个盗墓者偷走了王冠，还有王冠上的珍珠。很不幸，他们在一条河边为了这粒最大的珍珠开始相互斗殴，双双死亡。珍珠掉到了河边。珍珠中的砂粒燃起了一股从未有过的希望，他知道世界上的很多河水最终都要流到海里。等雨季来临，他就可以随着河水流下，到了海里去寻找她。也许要经过无穷岁月才能达到最初的地方，可是有什么关系呢？他知道另一粒砂一定会在海底等待，望穿秋水。

很快雨季来了，可是来临的不是暴涨的河水而是泥石流。珍珠和珍珠之中的砂粒一同被埋到了浅浅的地下。砂粒非常失望。可是他知道还有机会，因为陆地也是运动的，而且比自己快得多。

又是一个漫长的岁月。珍珠层已经被剥离得没有了，砂粒又露出了自己的本色，他觉得很干净，自己可以一尘不染地去见另一粒砂了。

上面传来沉重的隆隆声，这是一个金矿，砂粒和其他的石头、泥土等一起被扔到了一个酷热的罐子里。直到这时他才发觉，自己原来已成为一粒金砂。很快，他和其他金子被熔合到了一起，炼成一块金砖，被运到了什么地方被收藏起来。砂粒在悲伤中度过了很多年，想到海底的

另一粒砂就心如刀绞，但是他安慰自己说：还会有机会的。不可预知的未来也许会再次把他回复成一粒砂，并且把他带回大海，那样他就可以做长久地搜寻，为了茫茫大海之中的另一粒砂，为了在海底等待他的那一粒砂。

有一天金砖和金砖之中的砂粒被一起取出，他不知道自己将会怎么样，金砖被做成了一张唱片，刻录下地球上的各种语言，包括大海的波涛。直到唱片安装在发射架上的火箭时砂粒才觉得有些惊慌，他问身边的黄金：我们这是要去哪里？

飞向宇宙，向其他可能存在的智慧生命传达地球人类的信息。其他黄金骄傲地回答：不是每个黄金分子都有这样的机会的。正在这时火箭发射了。

砂粒看着越来越远的地面，在宇宙中地球美丽而脆弱，他忽然明白自己永远也不可能回到大海，回到没有任何诺言就在海底无尽等待自己的那一粒砂面前了。他有极为骄傲的历史，他曾是世界上最美丽的珍珠，最纯的黄金，现在他是一粒飞向茫茫宇宙的砂粒，是一个星球向宇宙所做的标记。可是比起这一切来他宁愿在海底做一粒砂，哪怕在自己所爱的砂粒身边呆上一个小时就灰飞烟灭……

宇宙之中传出一粒砂的哭声，飘荡着，良久不绝……

［书外人语］爱是我们穷尽一生的追求，是执着地、无怨无悔地付出。人世间有这么坚贞的爱吗？几亿年的等待，无论身处多大的逆境，无论前方的希望是多么渺茫，都会一直等待，一直努力地去寻找真爱。请在该爱的时候好好去爱吧。至于最后的结果，就不是我们所能左右的了。

流转时光的爱

| 李 黎

他戎马一生，经历了无数的血雨腥风，扛着一胸的军功章，光荣离休。

她救过他的命，在打锦州的一次战役上，他记着她，感激她，后来，娶了她。

她无怨无悔地跟着他走南闯北，经历了许多磨难和人生的大起大落。他说：没有她，自己过不到今天。他总觉得对不住女人；他把大半辈子的身心和全部的爱都献给了部队，对她，却亏欠得太多。现在离休了，住进干休所，他要让她享享清福，过几天好日子。他对她说："妹子，这么些年都是你为我打洗脚水，从现在开始，我给你打。"她笑了。

他们的好日子并没有过多久。她开始变得健忘，先是烧水忘了关煤气阀，再是丢失了家门钥匙，然后时常在炒菜中忘了加盐，或者盐加了又加。开始，他们都并未在意，以为是上了年纪的缘故，直到有一次，他和医护人员在干休所的后花园里找到了伏在石凳上泪流满面的她，她找不到回家的路了。

"可能是阿尔兹海默氏症早期……"他的脑海里响起医生的话，"这是一种引起大脑退化的疾病，严重影响患者的记忆和性格，目前尚无药物和有效疗法可以控制，随着病情的发展她会慢慢忘掉过去的事、认识的人，直至……"他曾经在战场上从容面对枪林弹雨，也曾乐观面对造反派的残酷迫害，经历了一场场大风大浪，他觉得已经参透了生死和多灾多难的人生，已经没有什么能吓住他、让他震惊的事了。但是，现在，他忽然感觉到自己的衰老和无力，这位叱咤风云、德高望重的老军人，在年轻的医护人员面前、在与他共事多年的老战友面前，哭得像个孩子。

“你是谁，为啥待俺这么好？”她常常这样问他。他笑笑，为她梳头，为她洗脸，为她打洗脚水。“妹子，俺是你哥呀！”很多年前，她把他从战场上救回来，他们之间发生了爱情。那时，她羞涩地叫他哥，一直叫了好些年。他听惯了，从部队上回到家里，听她叫一声哥，心里就像打了场大胜仗一样甜美舒坦。可是现在，她已忘了他是谁，忘了他是她“哥”。

他觉得遭遇的是有生以来最难预料胜负的一场硬仗，他碰到的是看不见摸不着的敌人，即使他手中握有百万雄兵，即使他胸中藏有千种战法，却对疾病束手无策。疾病像可怕的窃贼，偷走了人的情感、灵魂和记忆，令相濡以沫五十余载的老夫妻形同陌路。军人家庭的分分合合本是常事，他跟她早已习惯了在思念的夜晚遥望十五的月亮，但这次，他们能够天天见面，生活在一起了，却感觉不到家的温暖和彼此的心。她会忽然地情绪不好，常常莫名地落泪，哭着问他：我这是在哪里？我想回家……他唯一能安慰她的，就是将她搂在怀里，轻轻地摇晃。

这之后的许多个日子里，干休所的人们都能看到，一对鬓发斑白的老夫妻，手牵着手，在洒满阳光的小径漫步。夕阳的余晖里，他们依偎在丁香丛边的石凳上，老太太神色安详地靠在唠叨絮语的老头儿怀里，脸上时不时地浮现出少女般羞涩的红晕。他感觉现在的生活真是奇妙：他一度以为疾病正让她一点点儿离他而去，然而恰恰相反地，他再次感到了初次遇到她时的喜悦。是的，现在的他们，仿佛是刚刚相识的恋人，一切可以重新开始，从头再来，他终于有机会重拾亏欠她好些年的那份爱，从郑重地介绍自己的名字开始。他给她讲年轻时候的事儿，她睁大了好奇的眼睛，一眨不眨地听。他觉得时光在流转，在倒回：他又成了那个走起路来虎虎生风打起仗来命都不顾的尖刀连连长；而她，是梳着两条乌油油的大辫子，爱唱着歌走路的战地护士。那次他采下路旁的雏菊送给她，她又是喜悦又是慌张地接过来说：“啊，这可怎么好，这可怎么好？”他感到青春活力又回到了苍老的身体里，在那个溢满花香的月夜，他像年轻的小伙儿一样笨拙地吻了她，她扭着衣襟，羞红了脸。

这一年的秋天很短暂，第一场小雪落下的日子，他们的家从干休所移到了病房。他和她的病房遥遥相望，隔着一条长长的走廊。他那时腿脚已经不很利索了，仍旧坚持每天拄着拐棍来看她。他用颤巍巍的手把窗台上枯萎的花束取下，把清早散步时随处采来的小野花一枝枝插在花瓶里。她在白天的大多数时间经常陷入沉睡的状态，但在每天清早，他到来的时候，她都会准时睁开眼睛，用一种既陌生又亲切的目光，安静地看他拔花、插花、摆花。看他把拐棍放在床边，在她身边缓缓坐下，轻轻握着她的手，开始唠唠叨叨。她感受着他手心传来的温暖，舒服地闭上眼睛，再次沉入睡眠中。

病友在满是露水的小径边发现昏倒的他时，他手里还紧攥着几枝金黄的雏菊。

他躺在病床上，恍然做了很久的梦。他在漆黑的梦里听到自己妹子的呼唤，拼命挣扎着睁开眼睛，看到了刺目的阳光和满屋子关切的目光。小护士告诉他，他昏迷的那几天里，她来看望过他，谁都没想到，卧床已久的她居然站起来走路了。但这之后，她便陷入了更深程度的昏睡。妹呀！他的一声低唤，叫满屋子的人都落了泪。

那个夜晚，月光朗阔。谁也不清楚，他是怎样拖着偏瘫了一半的身体，扶着墙根儿，喘息着一步一步地走完那么长的走廊，谁也不知道，那个夜晚发生在病房里的故事：当他轻轻握紧她的手时，看见她在清朗的月光下睁开了眼睛。她的眼睛又大又明亮，手心暖暖地，缓缓地握紧了他，他听见她说：哥……俺想你啊……

清早，人们发现了病房里的老夫妻，他们的双手紧紧相握，脸上浮现着心满意足的笑容，他们相依相偎在一起，睡得很香，很沉。

［书外人语］岁月是无法消磨掉人心中爱的痕迹的，纵然记忆在一点点消散，只要是真爱，便意味着天长地久。

你先试试

| 李 健

萨拉与罗德恋爱五年了，可罗德生性懦弱，每遇到不敢做的事就会对萨拉说："你先试试！"眼看婚期临近，萨拉突发奇想，要彻底改变罗德。她邀罗德一起出海，因为人们都说大海是最能锻炼人的地方。

三天后，他们准备返航，却发生了一场意外，一股强大的飓风将他们的小艇摧毁，幸亏萨拉抓住了一块木板，两个人保住了性命。他们无助地在海上漂泊着，萨拉问罗德："你现在害怕吗？""有点。"罗德从怀里掏出一把水果刀，"不过，我有这个，要是鲨鱼敢来，我就用这个对付它。"

萨拉摇头苦笑，再也没有说话。一艘大货轮出现在不远处的海面。萨拉疯狂地挥动着自己的红衬衫，货轮上的人终于发现了他们。就在他们欣喜若狂的时候，一群鲨鱼却幽灵般地出现在身后。萨拉大叫着给罗德鼓劲："我们一起用力游，没事的。"罗德却突然用力一把将萨拉推进海里，独自扒着木板向货轮游去，大声喊道："萨拉，这次我先试试！"萨拉呆了，望着罗德的背影绝望地哭了。

鲨鱼正在逼近，可奇怪得很，它们好像对萨拉根本不感兴趣，径直朝前面的罗德冲去。罗德被鲨鱼凶猛地撕咬着，发疯地叫道："萨拉，我爱你……"

萨拉被货轮救了起来，甲板上的人在默哀，船长走到萨拉身边说："小姐，我不知道那个勇士是您什么人，但他是我见过的最勇敢的人，我们为他祈祷！"

"不，他是个胆小鬼。"萨拉冷冷地说。

"您怎会这样说呢？刚才我一直用望远镜观察你们，我清楚地看到那个男人把您推开后，用刀子割破了自己的手腕。鲨鱼对血腥味很敏感，如果他不这样来争取时间，恐怕您永远不会出现在这艘船上……”

［书外人语］每件凡尘俗事中的勇往直前并不代表一个人绝对的勇敢。只有真正的危难来临时的挺身而出，才是对生命与爱情最大的尊重。

极限缠绕

为了让蜜月过得特殊而有意义，新婚夫妇决定跟随探险队去探险。

在进行自由活动时，夫妇俩迷失在原始丛林中，没有仪器指定方向，没有食物填充，他们东冲西突，像无头苍蝇一样。

“我们还是分开来找吧，能多一线希望。”妻子鼓起勇气对丈夫说。

丈夫深情地看了看妻子，把她紧紧搂到怀里。

夫妇俩相互鼓励了一番后，分头寻找探险队伍。刚走出不远，丈夫回过头来，脱下婚前妻子为自己织的毛线衣，并把毛线衣上的线头交给妻子。

太阳一落，丛林中的气温骤然下降。

毛线已拆到尽头，丈夫又脱下自己的毛线裤接上去。脱到最后，丈夫只剩下薄薄的内衣冻死在丛林中。

第二天一早，探险队伍发现了丈夫的尸体，他手上死死地捏着一根伸向丛林深处的毛线，沿着毛线伸展的方向，探险队员终于在十几里外的地方，找到了奄奄一息的妻子。

［书外人语］极限缠绕的两头，连接的是跨越生死的爱情和生生世世的牵挂。

把生命送进狮口

| 澜 涛

他和妻子驾驶着一辆满载生活用品的卡车奔驰在无边无际的热带草原上，他们要去处于草原深处的建筑公路的基地。

就在这时，突然在他们的近前闪现出一头凶猛的狮子。卡车加大马力狂奔，试图甩掉狮子，狮子却紧追不放。

他们越是心急，令他们恼火的事偏偏发生：汽车陷进一个土坑，熄火了。要想重新发动汽车，必须用摇把把车子摇醒。可狮子就趴在车外，眈眈而视。

大声吼叫，掷东西打，两个人办法施尽，狮子却丝毫没有走开的意思。无奈中，他拥着妻子在车里度过了漫长难挨的一夜。可是狮子比他们还有耐心，第二天早上，这头猛兽还守在车外，向这两个要到口边的美味垂涎。

太阳似火，空气仿佛都在燃烧。妻子已经开始脱水了。在热带草原上，脱水是很可怕的，不用多久，人就会死亡。

他只有紧紧拥住妻子，似乎只有这样，才能不让狮子和死亡把她带走。此时，他们内心的绝望比狮子还狰狞。必须行动了，否则只能坐以待毙。他说:“只有我下去和狮子搏斗，或许能取胜。”其实两个人心里都很清楚，即使他们的力量加起来也未必抵得过这头猛兽。妻子像在自言自语:“不能再待下去，否则不是热死，也会筋疲力尽，最后连开车的力气都没有了。很多人都在等我们回去，再不回去，他们连饭都吃不上了。”

车外，狮子一点儿都没有对他们失去兴趣，它欲耗尽对手的生命，以延续它的生命。没有刀光剑影，生与死在沉寂中却铿锵以对。

不知过了多久，妻子轻轻地说:“我有一个办法。”“什么办法？快说！”丈夫多么希望听到她能把他们引到生路啊！妻子默默的伸出双手，搂住他的头，深情的凝望着，然后一个字一个字地说：“你一定要把车子开回去！”说着，眼里涌满泪水，嘴角禁不住地颤动着。他突然明白了妻子的所谓办法，抓住妻子的肩膀吼道：“不行！不！”妻子掰开他的手：“你不能这样，不能冲动，你下去，谁开车？”她话没说完，就猛地推开他，打开车门，跳下去，拼命往远方跑去。

狮子随之跃起，疾追而去。

她这是将生命送进狮口，为丈夫铺设生还之路。

他只觉热血充头，欲爆欲裂。他抓起摇把儿，跳下车，追向狮子。他怎么能看着自己的妻子活活地被野兽吃掉呢？

妻子的声音从远处传来：“快把车开走，快开车！”他的心被揪扯着、刺扎着。他在妻子的喊声中回到车前，发动起车子，疯了般地追向狮子。

远远的，狮子撕咬妻子的情景也撕咬着他的心。汽车撞向狮子，那猛兽才惊慌地逃跑了。

草原上只留下响彻远方的哭声——凄凉、悲壮、断肠。

这是1999年10月的一天，一个叫刘火根的看山老人讲述的故事。老人就是那位丈夫，他和妻子是当年中国援建非洲一个国家的筑路队队员。27年前，妻子用生命留给他的爱一直深刻在他的心里。

去时是双，回来成单。回国后，刘火根把妻子的骨灰绑在身上隐居在深山护林，直到今日。他说，寂静的地方能让妻子睡得踏实，也能让他更清楚地听到妻子灵魂的声音。他说，27年妻子的骨灰从未离开过他的身体，以后也不会，哪怕死了，他也要和妻子相陪相伴，不离不分。

凶残可以夺走生命，却夺不走永恒不变的一个字：那就是“爱”。

［书外人语］你曾那么深得爱过一个人吗？爱到只有一个生存机会，也会毫不犹豫地让给他？而爱人用生命换来的岁月，就用来回忆一起走过的点滴时光吧。回忆永远不会衰老，就像爱人从不曾离开。

爱的寻呼

一天，一个男孩送给他的女朋友一台中文传呼机，温柔地对她说：“我以后再也不怕找不到你了。”

女孩调皮地说：“如果我离开这座城市，你就呼不到我了。”男孩得意地摇摇头：“我可是办了漫游的，无论你走到哪里我都会呼到你。”女孩问他传呼号码，男孩说：“这是爱情专线，号码不公开。”从此女孩每天都把它带在身边，一刻也不离开。

一个阳光明媚的周末，女孩只留了一张字条给父母，坐上汽车到邻近的县市玩，但是没有人知道女孩正走向一场灾难……

女孩在城里玩了一天，拖着沉沉的脚步找到了一间带淋浴间的小旅馆。一走进房间，女孩就感到脚下一阵晃动，她急忙扶住一根铁管，心想是错觉吗？

但是当第二次晃动时，女孩知道这不是错觉。跟随第二次的晃动中还带有急促和沉闷的断裂声，女孩的全身开始颤栗，她知道可怕的地震来了。

随着第三第四次的更加猛烈的震动，四周变成无边的黑暗和无边的恐惧。砖块、木板把女孩紧紧地埋了起来。女孩像一只受伤的野兽，拼命地放声嚎叫，拼命地拍打、撕咬浴室的门板。然而一切都是徒劳，女孩无力地蜷缩在阴凉冰冷的地上。

不知过了多久，忽然腰间一阵颤动，是呼叫器在响。

女孩匆匆的摘下它，在黑暗中摸索着机子，即看到了绿色的光芒：林先生约你七点钟到老地方见面。读着这句话，女孩的泪水又一次涌出来，滑过嘴角，咸咸涩涩的。女孩跌坐在地上，把自己缩成一团，眼睛盯着呼机的屏幕。

嚴霜烈日皆經過 次第春風到草廬

子愷

小故事中的大智慧　　[小中见大☺智慧文丛]

不知过了多久，女孩睡着了，传呼机再一次在女孩的手中颤动了：林先生问你在哪里，请速回电话。女孩再一次地流下眼泪，我想告诉你我在哪里，但是我办不到啊。

渐渐地女孩平静下来，面对无法挽回的死亡，女孩不知道自己还能做什么。

呼机第三次震动：去了你家，看到你留下的字条，请火速回家。女孩的心又开始躁动。

呼机第四次震动：我听到广播，知道你那里发生了地震，相信你此时正拿着呼机读我的话，我们很快会见面的。

似乎有一缕曙光在女孩的眼前闪过。

女孩期待呼机第五次的震动，此时的传呼机成了她生命唯一的寄托。

时间一分一秒地过去了，呼机像一个疲惫的孩子一样睡着了。

终于第五次的震动：车不通，没办法去找你，想尽各种办法，还是无功而返。我相信你不会出事的，你是一个聪明又幸运的女孩。我等待你的归来！

第六次，第七次……女孩在男孩一次又一次的传呼中度过了一个又一个恐惧与绝望的时刻，不知不觉已经两天两夜了。

死亡的阴影越来越紧地箍住女孩的全身，仿佛看到自己体内的鲜血和肌肉正被一黑色的巨蛇一口一口贪婪地吞噬。

女孩觉得自己快不行了，连哭泣的力量都没有了，她的思想开始混乱，感觉自己在往下沉。

就在沉到底的时候，呼机第38次，也许是第48次、58次震动起来，那震动像磁铁一样，牢牢地吸住了女孩体内残余的所有能量。

我们什么时候结婚？举行哪些仪式？从现在开始我们先设想一下，日后评选出最佳方案。

结婚，婚礼，实在是太诱人了，女孩陷入了遐想之中。

海底婚礼，像鱼一样自由自在穿梭在海洋世界；

跳伞婚礼，与白云并肩飞在空中。

女孩再一次振作起来，是啊，人生那么美好，有很多美好的事情在等着我呢。

第60次，第61次……男孩一次又一次向女孩传呼；一次又一次给女孩注入生命的活力；一次又一次把女孩的生存信念从崩溃的边缘拉回来。

度过了漫长的四个昼夜，女孩终于获救了。

当她看到男孩惨白的脸，火一样的眼睛，一下子明白了世间最为珍贵的就是爱。

女孩在担架上轻轻地拉着男孩的手，柔柔地说：我是你今生的新娘……

[书外人语] 不分昼夜地传呼，是对爱与生命的坚持。而一起度过危难的爱人，即使生活中有了小小的摩擦，又有什么可计较的。走过劫难，让我们好好去爱吧。

四十九朵红玫瑰

| 伊 明

左兵的父亲郑孝仁是中日两地经商的广东人，母亲由纪子是父亲在日本买下的外室。

因为是个中国人，他没少受同学的欺侮，但是他不怕。他虽然瘦，然而受欺负时，也会发疯似的还击，渐渐地也就有了名气。那一次，加代在校门口迎住他说:“放学后我们一起走好吗？我一个人走僻静的路，有些怕，拜托了。”左兵一口就答应下来。

每天清早，左兵走到巷口，就会看见加代在樱树下等着，见了他，微微一笑，弯一弯腰，就跟在他的后面走。日久成了习惯。左兵喜欢下雨天，下雨天加代穿木屐，噼噼啪啪在身后走着，很有韵律。雨大了，加代还会半踮着脚，在侧后方举着伞，给他遮一下，左兵喜欢她半遮半喜的样子。

那一年的圣诞节，学校组织晚祷，允许大家穿校服以外的正式服装。左兵一出巷子，眼前一亮：樱树下的加代穿了一件白底织淡淡樱花的和服，红底织银的襁褓，还撑着一把红色油纸伞。左兵第一次意识到加代有多美，不知怎的就心慌意乱起来，有一种马上逃掉的冲动。

1936年底，大批华人开始返国。在涌向码头的人潮中，左兵紧随着父亲的管家，觉得自己是一滴水。船快开的时候，加代突然呜呜咽咽地出现在舱门前。她扑通一声跪在左兵面前，只会说一句话:“可是，郑君，我喜欢你啊……”一时间，左兵的心中一片茫然，好像雨中加代的木屐一下子踏在了脑子里，每一下都无限悲凄地重复着:“可是，郑君，我喜欢你啊……”

一直到多年以后，左兵才意识到加代说出这句话要有何等的勇气。

然后便是四十九个年头。左兵在中国和同时代的人们经历着差不多的悲欢，磕磕绊绊却也没什么值得抱怨。他的记忆中偶尔会出现一种声音，但是想不起来是什么声音。他老了。

1985年，他因一些产权问题回了一次日本。中学时代的老同学去饭店看他，走时留给他一张加代的名片。于是，他明白了萦回在脑际的原来是加代的声音。他拨了加代家的电话，凭着一种冲动，这冲动已经多年不见了。

没有惊叫、眼泪、叹息、懊悔和掩饰，平平淡淡，他约她出来喝茶，说:“我回来了，茶社见好吗？”——好像他不过昨天才离开，她说：“好的，但不必喝茶了吧，我实在不愿毁了我在你心中的形象。你在樱树下等我，我会从你身旁走过，请别认出我……”他答应了。他们——两个年近古稀的老人，在电话中平静地相约:“再见，来生再相识，来生吧。”

正是樱花凋落的季节，横滨一株古老的樱树下，站着一位老人。他身穿租来的黑色结婚礼服，抱着一大束如血的玫瑰，四十九朵。距那个刻骨铭心的时候，已有四十九年。老人站在如雨飘落的樱花中，向每一个路过的老妇人分发他的红玫瑰，同时微笑着说“谢谢”。四十九朵，总有一朵是属于她的吧，不管她现在是消瘦还是富态，不管她现在是儿孙成行还是独自寂寞，不管她泪眼模糊还是笑意盈盈，此生此世，总会有一朵是属于他的吧。老人遵守约定，不去辨认，只是专心致志地分发着玫瑰。他知道她会从他身边走过，她会认出他，她会取走一朵迟了半个世纪的玫瑰，而来生，他们会凭此相认，一定。

[书外人语] 在同一株樱树下，四十九年前的等待，四十九年后的重逢，连接的是一段半个世纪的爱情。人生处处是别离，面对时，我们只能选择坦然接受。

最初的爱

| 邹扶澜

读书，看见雨果的一件轶事：

雨果17岁那年，与门当户对、年轻貌美的阿黛•富谢订婚，20岁两人结婚。阿黛是个画家，为雨果生了三男两女。这本应是个幸福的家庭，可是到了1832年，也就是雨果婚后的第10年，阿黛突然另结新欢，追随一位作家而去。这使雨果十分痛苦，又备受打击。次年，他结识了女演员朱丽•德鲁埃，两人坠入爱河，这才使他那颗伤痛的心得到抚慰。

阿黛离开雨果后，生活并不幸福，经济一度很拮据，几乎到了举步维艰的地步。一次，她精心制作了一只镶有雨果、拉马丁、小仲马和乔治•桑四位作家姓名的木盒，到街头出售，可是因为要价太高，很多天无人问津。一天，雨果从那儿经过看见了，就托人过去悄悄地买下来，这只木盒至今仍陈列在巴黎雨果故居展览馆里。

读到这里，我不禁想起了卢梭在《忏悔录》里写的一个情节——

卢梭11岁时，在舅父家遇到了刚好大他11岁的德•菲尔松小姐，她虽然不很漂亮，但她身上特有的那种成熟女孩的清纯和靓丽还是将卢梭深深地吸引住了。她似乎对卢梭也很有“好感”。很快，两人便轰轰烈烈地像大人般地恋爱起来。但不久卢梭就发现，她对他的好只不过是为了激起另一个她偷偷爱着的男友的醋意——用卢梭的话说“只不过是为了遮掩一些其他的勾当”时，他年少而又过早成熟的心便充满了一种无法比拟的气愤与怨恨。他发誓永不再见这个负心的女子。可是，20年后，已享有极高声誉的卢梭回故里看望父亲，在波光潋滟的湖面上，他竟不期然地看到了离他们不远的一条船上的菲尔松小姐，她衣着简朴，面容憔悴而又黯淡。卢梭想了想，还是让人悄悄地把船划开了。他写道:“虽然这是一个相当好的复仇机会，但我还是觉得不该和一个40多岁的女人，算20年前的旧账。”

不论雨果也好，还是卢梭也罢，他们在遭到自己最爱的人无情离弃和愚弄后的悲愤与怨恨，我们是不难想象的。可是为什么重逢之际，当初那种火山般喷涌的怨怒与报复欲未曾复燃。相反，却要情不自禁再伸出温情之手去拉她一把或选择悄悄走开？

说穿了，还是爱。

因为，他们曾经真正地爱过、痛过，那份爱，曾经深入骨髓，温暖过他们的生命旅程。时间的流水可以带走很多东西，诸如忧伤、仇恨，但永远抹不去最初的那份爱恋在心灵上留下的温馨、美好与感动。

那份爱，已如磐石，无法撼摇。

世上千般情，惟有爱最神圣；世上千般情，也惟有爱最难说清。

[书外人语] 没有人会为了收获仇恨而去播种爱的种子。即使我们不能相爱，即使我们曾经爱过的人伤害过我们，即使……，我们总不可以因爱成仇。

第六辑

人生曲线

非走不可的弯路

| 张爱玲

在青春的路口，曾经有那么一条小路若隐若现，召唤着我。

母亲拦住我:“那条路走不得。”

我不信。

“我就是从那条路走过来的，你还有什么不信?”

“既然你能从那条路走过来，我为什么不能?”

“我不想让你走弯路。”

“但是我喜欢，而且我不怕。”

母亲心疼地看我好久，然后叹口气:“好吧，你这个倔强的孩子，那条路很难走，一路小心!”

上路后，我发现母亲没有骗我，那的确是条弯路，我碰壁，摔跟头，有时碰得头破血流，但我不停地走，终于走过来了。

坐下来喘息的时候，我看见一个朋友，自然很年轻，正站在我当年的路口，我忍不住喊:“那条路走不得。”

她不信。

“我母亲就是从那条路走过来的，我也是。”

“既然你们都可以从那条路走过来，我为什么不能?”

“我不想让你走同样的弯路。”

“但是我喜欢。”

我看了看她，看了看自己，然后笑了:“一路小心。”

我很感激她，她让我发现自己不再年轻，已经开始扮演“过来人”的角色，同时患有“过来人”常患的“拦路癖”。

[书外人语] 在人生的路上，有一条路每个人非走不可，那就是年轻时候的弯路。不摔跟头，不碰壁，不碰个头破血流，怎能炼出钢筋铁骨，怎能长大呢?

阳光无香

| 罗 西

一朋友去东南亚旅游，回来后整个人都变了样，天天都与一马来西亚华裔导游小姐煲电话粥，他对这种电话恋情倾注了全部的心力。

他的妻子在一次诉苦中，不甘心地问我:“我和他15年甘苦与共的婚姻，难道就比不上他与一个陌生女子15天的相处?”

旅途中，一个陌生人递给你一根烟，你会感动很久。

可父母20多年的嘘寒问暖，往往又会被我们解读为“唠叨”。想想，这一切真的很不公平。

一位退休教师曾有点儿伤感地告诉我，他做了3年班主任，没有一次在教师节里收到学生的贺卡。可后来有个实习老师只待了一个月，却轻易获得众同学的心，又是鲜花又是礼物，离开时还十八相送，个个哭成泪人似的。这位头发花白的老师，对此很是感慨，他摇摇头苦笑着，我看到他眼里有一些无奈的泪光。

有意或无意地忽略你身边所拥有的一切，似乎是人类共同的弱点。

一同事案头上有一盆无名的花，一年来总是不间断地开着紫红的小花，因为不知其名，她就称它为“小贱人”，因为它总是毫不厌倦地为主人绽放。而另一盆兰花，却迟迟不见花期，甚至还几次濒临枯死。于是，同事就赐它为“格格”，每次谈及它时总是满脸怜爱。

我很同情那盆“小贱人”，后来剪了一枝插在我家的花盆里，它仍然无私地开着紫红小花，它不香，只有永远不退的热情。

其实，每次我躬身接近它的时候，不是为了嗅香，更多的只是一种感激，就好像对待无香的阳光一样，沐浴其中，就是我最高的礼赞。

[书外人语] 人的心理上有一个误区：短暂的是美好的，物以稀为贵。可那些短暂的和稀有的只是我们生活的一些点缀，并不是我们真正赖以生存的营养。

特别的东西不要珍藏

新 青

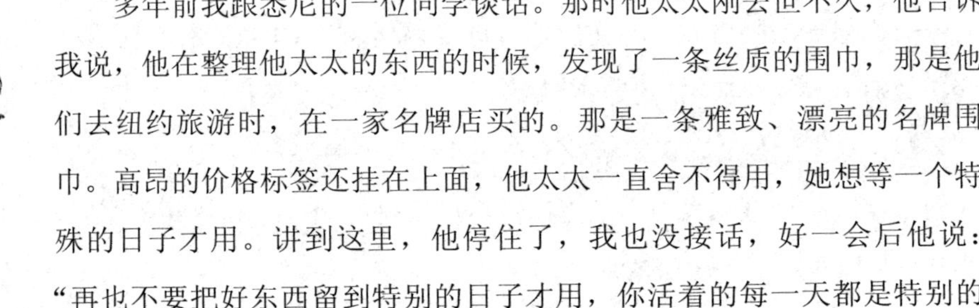

多年前我跟悉尼的一位同学谈话。那时他太太刚去世不久，他告诉我说，他在整理他太太的东西的时候，发现了一条丝质的围巾，那是他们去纽约旅游时，在一家名牌店买的。那是一条雅致、漂亮的名牌围巾。高昂的价格标签还挂在上面，他太太一直舍不得用，她想等一个特殊的日子才用。讲到这里，他停住了，我也没接话，好一会后他说："再也不要把好东西留到特别的日子才用，你活着的每一天都是特别的日子！"

以后，每当想起这几句话时，我常会把手边的杂事放下，找一本小说，打开音响，躺在沙发上，抓住一些自己的时间。我会从落地窗欣赏淡水河的景色，不去管玻璃上的灰尘；我会拉着太太到外面去吃饭，不管家里的饭菜该怎么处理，生活应当是我们珍惜的一种经验，而不是要挨过去的日子。

我曾经将这段谈话与一位女士分享。后来见面时，她告诉我她现在已不像从前那样，把美丽的瓷器放在酒柜里了。以前她也以为要留待特别的日子才拿出来用，后来发现那一天从未到来。

"将来"、"总有一天"已经不存在于她的字典里了，如果有什么值得高兴的事，有什么得意的事，她现在就要听到，就要看到。

我们常想跟老朋友聚一聚，但总是说“找机会”。

我们常想拥抱一下已经长大的小孩，但总是等适当的时机。

我们常想写封信给另外一半，表达一下浓郁的情意，或者想让他知道你很佩服他，但总是告诉自己不急。

其实每天早上我们睁开眼睛时，都要告诉自己这是特别的一天。

每一天，每一分钟都是那么可贵。

[书外人语] 生命充满了不确定性，千万别舍不得享受生活。

痛苦和盐

| 田语编译

有一个师傅对于徒弟不停地抱怨这抱怨那感到非常厌烦，于是有一天早上派徒弟取一些盐回来。

当徒弟很不情愿地把盐取回来后，师傅让徒弟把盐倒进水杯里喝下去，然后问他味道如何。

徒弟吐了出来，说:“很苦。”

师傅笑着让徒弟带着一些盐和自己一起去湖边。

他们一路上没有说话。

来到湖边后，师傅让徒弟把盐撒进湖水里，然后对徒弟说:“现在你喝点湖水。”

徒弟喝了口湖水。师傅问:“有什么味道?”

徒弟回答:“很清凉。”

师傅问:“尝到咸味了吗?”

徒弟说:“没有。”

然后，师傅坐在这个总爱怨天尤人的徒弟身边，握着他的手说：“人生的痛苦如同这些盐，有一定数量，既不会多也不会少。我们承受痛苦的容积的大小决定痛苦的程度。所以当你感到痛苦的时候，就把你的承受的容积放大些，不是一杯水，而是一个湖。”

[书外人语] 心胸开阔一些，凡事看开一些，眼光放远一点。那么一时的痛苦就会很快的融化在无边快乐的心田里。

快乐其实很简单

| 矫友田

有一段时间，因为工作不顺，再加上疾病缠身，我变得非常消沉；有时坐在电脑前，半天竟敲不出一段流畅的文字。

那一天下午，儿子忽然钻进我的书房，恳求说:“爸爸，带我到海边玩玩好吗?”我看着他那渴求的眼神，不忍心再拒绝他。儿子见我点头答应了，高兴地跳了起来。然后把早已准备好的小塑料桶和塑料铲拿在了手中。

其实，我们家距离海滩不到三里路，步行不用半个时辰便到了。在以前，儿子曾多次提出让我带他到海边去玩儿，可是都被我以工作忙为理由拒绝了。儿子还是第一次亲眼见到大海，显得异常兴奋。他指着海滩上的停泊的几条木船问:“那些船为什么不到海里去呢?”我告诉他，那些木船都已经破旧了，就像年纪太大的人走不了远路一样。

走到那些木船的近前，船底早就被泥沙掩盖了。我把儿子抱上木船。他站在甲板上好奇地看着那些破旧的船舱；蓦然，他的眼睛一亮，指着舱底那一洼清澈的海水，兴奋地喊道:“你快看，水里面还有小鱼哩!”

而后，儿子俯下身去，仔细地观察着那些在水里游动的小鱼。又过了一会儿，他皱起眉头问我:“爸爸，你说这些小鱼被困在这里会不会很孤单，它们是不是也像你一样整天不高兴呢?”我被儿子稚嫩的话语逗乐了，忽然来了兴趣，就说:“让我们帮它们返回大海好吗?”儿子高兴地点了点头。

于是，我就脱下袜子，赤脚下到船舱里，将那些被困在船底的小鱼儿捉进小塑料桶里面。然后，我和儿子下了木船，走到海边，由儿子亲手把它们放到海水里面。接着，我们又走向另一条木船。当我们把最后一条木船里的鱼儿放人海里时，火红的晚霞已经映红了整个海面。

在回家的途中，儿子自豪地说:“那些返回大海的小鱼儿，一定变得很快乐——”此时，我仿佛感觉有无数条快乐的小鱼儿，在心中畅然地游弋着，那纠缠已久的烦恼也烟消云散了。

是呵，在生活中，我们往往会因为一时的烦恼，把自己搞得焦头烂额，以至于整个心间都被忧郁的阴影占据了。那么，我们为什么不能暂时放下那些纷繁芜杂的事情，怀着孩子般天真、纯洁的心情走出来，对别人和社会做出一点善举呢？也许这样，我们就能从中收获到明媚的阳光。

快乐，其实很简单!

[书外人语] 快乐确实很简单，但要用心寻找。

过去—现在—未来

| 肖 剑

记得曾经有位多愁善感的女孩给我写过这样一封信:“我白天要上班，晚上要上夜大自考班，整天好像是紧张充实，又像是浑浑噩噩，我没有时间去看清晨的日出和彩霞，晚上与星星谈谈心，驻足于草坪花丛听听花儿、草儿生长的声音，我幻想着有一天我能放下这一切的俗务，到海南到西双版纳到夏威夷去度假，那时我该有多快乐……”

读到这封信时，我不由想起一首好像叫做《我想去桂林》的流行歌中这样唱道：我想去桂林，可是我有时间的时候没有钱，有钱的时候没时间……

在给这位女孩回信时，我说:“你的幻想是很美丽的，足以让世上的大多数人动心，但也许它实现的机会很小。其实要享受生活、要快乐并不需要那么多的附加条件，你现在完全可以做得到。你虽然很忙碌，但完全有时间有条件满足你与太阳、星星、花草的约会，不要把这些享受留待明天。只要你今天有享受的心情，你就完全能做到，明天会有明天的不如意和制约条件，是靠不住的，甚至你还会懊恼今天没有好好享受年轻的心情与生活呢。快乐、放松与享受生活不需要太多的条件与借口，它最需要的只是一种你需要它的心情。面对今天的现实，给自己今天的快乐，另外一个时空会有另外一种快乐，错过了今天，你也就错过了今天的快乐。而且不只是休闲娱乐中有快乐，工作、学习中也有快乐，它随处躲藏，需要你用心灵去体会，对吗?”

现实是一种难以捉摸而又与你形影不离的时光，如果你完全沉浸于其中，就可以得到一种美好的享受。抓住现在的时光，是玩耍的时间就尽情地玩耍，是休息的时间就畅快地休息，是工作的时间就认真地工作。怎么可以总是“身在曹营心在汉”呢？抓住现在的时光，这是你能够有所作为的唯一时刻。不要期待在将来生活的某一天，会发生奇迹般的转变，你一下子变得事事如意，幸福无比。未来永远没有你想象得那么美好、如诗如画，它也只能是将来的一种切切实实的现实。

我有位老同学，当我们还在上高中时，他说：现在真是太紧张了，没有时间和心情玩，等上了大学我们一定要好好享受生活。上了大学他又说：现在就业形势这么严峻，还得拼命学才能有份好工作，赚到了钱再去享受吧。工作后他仍然发现没有时间和心情去玩去享受，结婚、房子、车子、孩子……也许等到要退休或临终时他会怎么想呢：蝇营狗苟这一辈子，什么时候才可以放松去享受呢？

回避现实几乎成为一种流行疾病。社会环境总是要求人们为将来牺牲现在。根据逻辑推理，采取这种态度就意味着不仅要避免目前的享受，而且要永远回避幸福——将来的那一刻一旦到来，也就成为现在，而我们到那时又必须利用那一现实为将来做准备：幸福遥遥无期。而且终有一天，我们又会陷入对以往的追悔中。

还有另外一种典型的例证就是父母对孩子的心态。孩子小时，他们想：现在真累真烦人，等孩子大了就好了。孩子大些了，上学了，还是有操不完的心。等到有一天，孩子不需要他们操心了，独立生活了，他们守着空巢，又在想：孩子小时候多可爱啊，那时候如何如何……。在这个过程中每个阶段的乐趣都被他们错过了，他们就在这种明天与昨天的交替中失去了今天。

昨天，是张作废的支票；明天是尚未兑现的期票；只有今天，才是现金，才能随时兑现一切。

［书外人语］有时间时没有钱，有钱时没有时间，钱和时间都有了的时候却又没有了好身体。今天想明天，真到了明天却又在怀念昨天，什么时候会面对现在呢？

再来一次，好吗

| 曹 飞

高中毕业后，我没有如愿盼来大学录取通知书。在学习成绩上一向颇为自负的我，经历了这样沉重的打击后，对自己再也不敢有太大的信心了。

有很长一段时间，我把自己锁在苦闷和遗憾中，不想见任何人，也不想说任何话，木然而无助。

可毕业证总还得亲自去领的。从班主任惋惜而怜悯的目光中逃出来，我唯一的感觉就是想流泪。在过去的那段极苦极累的日子里，我几乎耗尽了所有的精力去搭那架通往梦想的梯子，可在成功似乎已经唾手可得的时候，梯子却在猝不及防中倒了。我真的没有足够的心理能力去承受。

出校门的时候，我不经意一扭头，竟发现了门口的一侧贴有一张招聘启事。走近了细看，是市内一所普通中学招一名英语教师。条件是高中以上毕业，英语成绩好，口语佳。

我突然想去试试。高中三年，英语成绩一直是我的骄傲。更何况，长大了，毕业了，我该自己养活自己了。我去报了名。

那时离试讲的日子已经不远了。回家后我便忙着写教案，跟着录音机练口语。到试讲的前一天，我已对自己有了几分信心。

第二天，校长把我带到教室门口。他拍拍我的肩:“对你，我们是比较满意的，这是最后一关了。记住，要沉着。”

我望一眼教室，里面坐满了比我小不了几岁的学生。见来了新老师，他们都停下正在干的事，齐刷刷地把目光聚在我身上。

血往上涌，我的心乱跳起来。

我知道我不是个大方的男孩，但为了这次试讲，我确实已经付出了足够的心血。我以为有备而来，心就不会再跳手就不会再抖。

走上讲台，我的鼻尖上已开始渗出细密的汗珠。坐在第一排的女班长一声洪亮的“起立”让我几乎一下子乱了方寸，忘了开场白。

我慌忙挥手叫他们坐下。我想我的神情一定很慌乱很窘迫，因为我分明听见几个男孩子的窃笑声。一刹那间，充斥我脑中的是有关形象问题试讲结果问题以及被淘汰掉后我再怎么办的问题，昨天还背得滚瓜烂熟的教案一下子找不到半点头绪。

搜肠刮肚好几十秒钟，我仍然找不到太多的话说。试着讲了几句，连自己都知道前言不搭后语。

我知道我完了，心中已开始打退堂鼓：与其在讲台上出尽“洋相”，还不如趁早给自己找个台阶下去。

“同学们，其实我多想陪你们走一程，可我太糟糕，我不能误了你们……”说完这句话，我无奈而抱歉地望一眼坐在后排正为我捏一把汗的校长，就想快快地逃出去，逃出那种如浑身被针刺般的难受与尴尬。

“老师，你等等!”是坐在第一排那个剪短发的、戴眼镜的女班长，“老师，再来一次，好吗?”

“我……我不行。”

“试一试，老师，你能行的，再来一次，好吗?”后面几个女孩子也附和起来。

“再来一次，好吗?”然后，教室里一下子归于一片静寂，后排那几个等着看“好戏”的男孩子也正襟危坐起来。

校长推推眼镜，笑望着我，微微颔首。

40多颗天真无邪的心，40多双真诚的眼睛在这个时候汇成一股暖流和一个坚定的信念流向我、涌向我。突然间我觉得有好多好多的话要对他们说，有好多好多的故事要讲给他们听。

我想我不能离开这三尺讲台，否则我也许会一生都再也找不着这么好的机会。

我在讲桌前站定。接下来的讲课，我如数家珍般讲得无比流畅。

面对求知若渴而又善良真诚的学生，原本并没有什么好怕的呀!

后来那个剪短发、戴眼镜的女孩成了我最得意的学生，也成了我最好的朋友。她对我说，“老师，当初我为竞选班长三次登台‘现丑’，第一次一句话都没敢说，第二次脸红心跳，第三次换来了最热烈的掌声。每次上台前我都会劝自己‘再来一次，好吗?’”

有些简单很朴实的话却能让人受益终生。这道理学生比我懂得更早。

[书外人语] 在你快要失去信心的时候，别急着说自己不行，给自己一个机会，再来一次，或许，你就能成功。

忙碌与悠闲

| 林清玄

我和儿子坐在仁爱路安全岛的大树下喂鸽子，凉风从树梢间穿人，树影婆娑，虽然是夏日的午后，也感到十分的凉爽。

我对儿子说:“如果能像树那么悠闲，整天让凉风吹拂，也是很好的事情呀!”

儿子说:“爸爸，你错了，树其实是非常忙碌的。”

“怎么说?”

儿子说:“树的根要深入地里，吸收水分，树的叶子要和阳光进行光合作用，整棵树都要不断地吸人二氧化碳，吐出氧气，树是很忙的呀!”

我看到地上的鸽子悠闲地踱步，想到鸽子其实是在觅食，也是很忙的。

当我把玉米撒在地上的时候，悠闲的鸽子就忙碌起来了。

我想到，如果我们有悠闲的心，那么所有忙碌的事情都可以用悠闲的态度来完成。

在忙碌的生活面前，有人手忙脚乱，疲于奔命；有人却能寻觅现实中的悠闲，欣赏生活的交响曲，悠然、从容地对待生活中的一切，远离浮躁，真诚地面对生活。生活需要忙碌，因为忙碌中蕴含充实，生活更需要悠闲，因为只有用一颗悠闲的心去面对生活，才能获得生活的愉悦与丰硕。

［书外人语］并不是说忙碌不好，只是如果能以悠闲的态度去生活，那么，即使忙碌，也会是悠然而从容的。而要做到这一点，其实很简单，只需要你用一颗悠闲的心去面对生活。

把心放轻松

凯茵被网球俱乐部的莎莉击败时，惊吓与羞愧的情绪交错之中，其实莎莉根本就不是她的对手。

比赛结束后，一位球员断言："哇！莎莉一定是这个俱乐部的明日之星。"

"不，她并没有那么好。"凯茵感叹，"是我击败了自己，我当时心不在焉。"

凯茵是个实力很强的运动员，不论是游泳或冲浪，都表现得比同龄选手杰出。而在网球方面，更是佼佼者。上一年她赢得了好几个比赛冠军，可以说是风光的一年。但讽刺的是，她当时并没有全力以赴，反而以“轻松打”的心态居多。

上回过生日，凯茵用塔罗牌占卜流年运势，知道自己将会有个“好运旺旺的一年”。因此，凯茵这么想着：上一年我只不过是随便打打，就有这么好的成绩，要是我开始加倍努力、勤奋练习、全心投入，那还得了。换句话说，凯茵认为自己在这一年的网球赛里稳操胜算。

于是凯茵找出所有网球录影带和相关书籍，加强技巧，并将她原来在比赛前一晚喝点小酒的习惯也改了，她吃得更健康，以保持最佳状态。

以往，她总在年度大赛的最后一晚放松心情，但这回，她把念书时准备期末考试的那股拼劲拿来打网球。

比赛那天，凯茵信心满满:“我一定可以把对手打得灰头土脸!”

然而，比赛中，凯茵一直试图想起书中的重点，现学现用，可是不知怎么的，总是会慢了一步，脑子里尽想“我表现得如何？”她全身紧绷，一点也没法轻松快乐地打球。最后，她输了。

输给了实力不及自己的莎莉之后，凯茵突然自悟：为什么事倍功半呢?我明明这么努力了，到底是怎么回事？

突然，有个答案从她脑海中闪过:“塔罗牌明明说我今年运势会很顺利，而事实也应如此啊！我学到了人生一个最重要的课题，那就是：‘当我喜欢自己的表现而且不把它看得那么严肃，也不要刻意去分析每一个挥拍反击的动作时，我的成绩通常比较好。’原来这就是所谓的把心放在球场打球。”

凯茵学到了一个宝贵的经验：如果在打球时，想的尽是运球动作和球技分析，就很容易犯规、表现呆板，且对敌手的回击缺乏应变力。除此之外，凯茵领悟到人生不也是如此？只要她舍弃当下思考的直觉过程，屈就才智，生活则显得枯燥单调、缺乏效率且无趣烦闷。当她把心放在球场，不去想如何挥拍、杀球，那么一旦情况需要，所有的技巧便能自然涌现。

[书外人语] 中国有句成语叫做“浑然天成”，很多时候，强迫自己，或者人为的制造压力，反而难以达到最好的效果。相反，放松心态，自由发挥，才能最大限度地施展自己的水平。

幸福无贫富

| 小 宇

那天，我来到一家快餐店，点了一份套餐，没滋没味地吃着。不久，来了一对夫妇带着一个小男孩坐在了我的对面。

这是一对年轻的夫妇，穿着很旧的衣服但还算干净，他们面色泛黄，两人都是一脸的憔悴和疲惫。倒是那个小男孩无忧无虑，无拘无束。

他们点了两份汤面，服务小姐很快送了上来，这是珠海很廉价且常见的小吃。男孩见了汤面，兴奋地嚷嚷:“妈妈，我要吃、吃肉。”

女人轻轻地在男孩耳边说了一句什么，又叫服务小姐拿来一只小碗。女人往碗里拨了一些面条，又将自己碗里的肉和青菜悉数挑到小男孩的碗里。男孩立即大口大口地吃了起来，女人则一脸温柔地看着小孩吃。孩子很快吃完了，女人又把自己碗里的面全部给了孩子。

女人的丈夫，一直看着母子俩，没有动筷子。等小孩吃饱后，他一把将他的那碗面端到了妻子的面前。妻子涨红了脸，两人来回推着，最终还是拗不过丈夫，只好低着头乖乖地吃了起来。丈夫见妻子吃得津津有味，就乐呵呵地逗着儿子玩……

我看着他们三口之家，心头一热，眼睛有些湿润。

他们也许很穷，可在这种贫困中，我感觉到了相依为命的浓浓亲情和绵绵爱意，他们的情感世界是那样的丰富和甜美。

原来，幸福是没有贫富之分的。

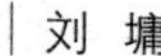

[书外人语] 或许，我们终生都不能大富大贵，但这并不意味着我们在自己平凡普通的生活中找不到幸福。健康的身体，充满活力的心，相亲相爱的家人，志同道合的朋友……，这一切的一切其实都能让我们感受到幸福与快乐。

老人与树叶

| 刘墉

住33号那会儿，左邻32号是个老人。

老人一生相当坎坷，多种不幸都降临到他的头上：年轻时由于战乱几乎失去了所有的亲人，一条腿也丢在空袭中；“文革”中，妻子经受不了无休止的折磨，最终和他划清界限，离他而去；不久，和他相依为命的儿子又丧生于车祸。

可是在我的印象之中，老人一直矍铄爽朗而随和。我终于不怕冒昧地问:“你经受了那么多苦难和不幸，可是为什么看不出你有伤怀呢？”

老人无言地将我看了很久，然后，将一片树叶举到我的眼前:“你瞧，它像什么？”

这是一片黄中透绿的叶子，这时候正是深秋。我想这也许是白杨树叶，至于像什么……

“你能说它不像一颗心吗？或者说就是一颗心？”

老人将树叶更近地问我凑凑。我清楚地看到，那上面有许多大小不等的孔洞，就像天空里的星月一样。

老人收回树叶，放到手掌中，用那厚重而舒缓的声音说:“它在春风中绽出，阳光中长大。从冰雪消融到寒冷的秋末，它走过了自己的一生。这期间，它经受了虫咬石击，以致千疮百孔，可是它并没有凋零。它之所以享尽天年，完全是因为对阳光、泥土、雨露充满了爱。对自己的生命充满了爱，相比之下，那些打击又算得了什么呢？”

老人最后把叶子放在了我的书桌上，他说:“这答案交给你啦，这实在是一部历史，然而更是一部哲学啊。”

如今我仍完好无损地保存着这片树叶。每当我在人生际遇中突遭打击的时候，我总能从它那里吸取足够的冷静和力量，不论处在怎样的艰难之中，总能保持一份乐观向上的精神。

［书外人语］当我们遇到挫折和坎坷，经受磨难和痛苦时，就想想那千疮百孔的树叶，想想老人的故事，用无限的热爱去面对生命吧。

人生的曲线

| 李雪峰

高中毕业那年秋天，我到镇上的砖窑厂去打工，老板给我推来辆胶皮轱辘回拉车说:“你拉土吧。”于是我就成了运土组一名最年轻的组员。运土在这个窑场是重力活，除了我，这个组里基本上是三四十岁身强力壮有耐力的中年人。

我们的任务是每人一辆拉车，到距窑厂近一公里远的采土点装满土后，一车一车运到窑厂来，每人每天20车，也就是说，一天20次往返，差不多要走40公里左右。最要命的是，从采土点到窑厂，是30度左右一个漫长的陡坡道，平常一个人拉一辆空车都很吃力，何况装满一车沉重得像石块的黄土？

我弓着腰，拼命拽着拉车的背带，绷紧双腿使劲地往上拽，胳膊发麻，两腿累得直打哆嗦，汗珠吧嗒吧嗒地摔到地上，在落满厚厚浮尘的陡坡上砸出一串又一串的麻点。第一天艰苦地结束了，当满天亮起银针似的一颗颗星斗时，拖着满身的酸痛到记事板前一看，别人的任务都完成了，只有我才运了15车，我愣了，怎么会这样呢？他们拽着拉车慢慢蹭蹭地在陡坡上左拉右拐，只有我是拼了命狠着劲儿直线走的，怎么还比他们少，两点之间直线最短啊！第二天运土，看着我累得站都站不直少气无力的样子，胡子拉碴的刘大叔说："你这样拽车不行，人累垮了，任务还是一准完不成。"刘大叔边说边给我做示范："瞅，稳住神慢慢来，先往右斜着走，再往左斜着走，就这样一直左斜右斜，不用太费力就拽上去了。"我看着刘大叔的车辙，在斜右斜，一直呈"之"字形地蜿蜒着爬上了陡坡，我心里直觉得好笑：这样走，至少比直线多走了一倍的路，怎么能又快又省力呢？

但我还是依照刘大叔他们的走法试了试，一试果然省力了许多。天将黑的时候，我和刘大叔们一样，很轻松地拽完了20车黄泥土。开始的时候我挺纳闷儿，怎么走曲线比走直线还省力还更快呢？但渐渐我就明白了，刘大叔他们这种上陡坡走曲线的方法，左一斜右一斜的，就把陡坡的陡度一点点斜缓了，化解了，30度左右的陡坡，被他们斜来斜去，或许被他们斜成了10度或5度。

其实，人生对于我们每一个人来说，何尝不都是一个个负重爬漫漫陡坡的过程呢？我们精疲力竭地拼命走直线，期望用最短的时间最快登临人生辉煌的顶点，但结果恰恰是那些轻轻松松不断用生命智慧缓和人生陡坡的走曲线者走在了我们的前面，他们镇定、从容，用智慧的曲线分解了人生的漫漫坡度。人生的陡坡上，直线并不是最短的距离，能够使我们更省力更轻松达到成功顶点的，是曲线一样的生活智慧。

其实，走一走人生的曲线，走一走人生的弯路又何妨呢？人生的陡坡上，“曲”是一种经验，“曲”是一种智慧，何况一叶一菩提，一花一世界，多一步弯路，我们就会多出一份生活的味道，就会多出一份人生别样的风景。

[书外人语] 人生的路本就是坎坎坷坷、曲曲绕绕的，如果你一味地想走直线，那么只会不断碰壁，不断栽倒！

因为懂得，所以珍惜

| 布 丁

哈佛大学曾做过一个有趣的心理调查。调查很简单，只是几个电话测试而已。调查人员给调查的对象打了个电话，问道：“你现在在干吗？”“上班。”“上班感觉怎样？”“没劲极了，枯燥乏味。”

“那你希望干点什么？”“还等两个小时下班就好了，我可以和同事一起去酒吧。”

两个小时后，调查人员又打了他的电话。“你现在在干吗？”“和同事在酒吧。”“感觉该好些了吧。”“还是没劲，都是些无聊的话题，我正打算去找女朋友。”

过了一小时，调查人员再次拨通了他的电话。

“和女朋友在一起快乐吗？”“别说了，烦死啦。说话时，有个女同事打来电话，询问工作上的事情，女朋友硬是要我交代是不是有外遇了。你说这哪能不烦？得了，我还是回家休息吧。”到了晚上，调查人员的电话刚拨通，这个被调查者就先开口了：“别问了，很没劲，杂志翻完了，碟看完了，有点寂寞。”“那你想怎样？”“还是上班好，明天工作努力点，好让薪水多增加点。”

这是去年春天，我刚进一家著名外资食品企业做推销员时，企业培训师讲的一个案例。培训师语重心长地说：“仁者见仁，智者见智。这个故事很简单，但是能悟出一些东西。谁悟得越多越深，谁就有可能干得更好。竞争很残酷，大家好好干吧。”

那次公司招聘的推销员有上百名，两个月后，有三分之二的人被淘汰。学历最低的我，却留下来了。我留下来还真得益于这个故事。

一开始促销真叫艰难，从早忙到晚也没搞定一份订单，有时真想不干了。这时我想到了那个职员不论干什么事情都觉得“没劲”，那么要说艰难，其他工作也艰难。何况这个工作还是我好不容易通过层层考试面试争取来的。我对自己说，信念很重要。

咬咬牙坚持住，困难很快就过去，我最终通过了试用期。因为刻苦、诚信，我的客户越来越多。半年后，我当了销售主管，管理15个销售人员。事情杂了，矛盾也多了，心情也容易急躁了。但是我立马又想到那个心理测试，何不心平气和地生活？每一份工作其实都有它的乐趣，应该珍惜“现在”。

一年以后，就是现在，我有了自己的公司，代理几个食品品牌。跳槽时很多人都反对，干到销售经理很不容易的，要珍惜啊。但是，珍惜和进取并不矛盾啊。因为珍惜，所以进取；进取是更好的珍惜，进取可量可质，重在拥有了一种好的心态。那个被调查的职员最后不是说了一句“还是上班好，明天工作努力点，好让薪水多增加点”吗？其实这句话的后面还可以得到无数的暗示引申，“薪水多增加点，生活现状得到改善点，生活质量提高点，女友自然会爱我多一点，于是心情自然会happy点……”每个人都渴望进取，但并不是每一个人都学会了调整心态的真正进取。

有了自己的公司，有了自己的员工。我也给新招聘的他们说了那个心理测试，真的希望他们悟出的比我还要多还要深。

[书外人语] 把工作干不好，就有可能干什么都没劲。

生活原本没有痛苦

| 马 德

法国纪录片《微观世界》中有这样一个场景：

一只屎壳郎，推着一个粪球，在并不平坦的山路上奔走着，路上有许许多多的沙砾和土块，然而，它推的速度并不慢。

在路正前方的不远处，一根植物的刺，尖尖的，斜长在路面上，根部粗大，顶端尖锐，格外显眼。也许是冥冥之中的安排，屎壳郎偏偏奔这个方向来了，它推的那个粪球，一下子扎在了这根“巨刺”上。

然而，屎壳郎似乎并没有发现自己已经陷入困境，它正着推了一会儿，不见动静。它又倒着往前顶，还是不见效。它还推走了周边的土块，试图从侧面使劲——该想的办法它都想到了。但粪球依旧深深地扎在那根刺上，没有任何出来的迹象。

我不禁为它的锲而不舍好笑，因为对于这样一只卑小而智力低微的动物来说，实在是不能解决好这么大的一个“难题”的。就在我暗自嘲笑它，并等着看它失败之后如何沮丧离去时，它突然绕到了粪球的另一面，只轻轻一顶，咕噜——顽固的粪球便从那根刺里“脱身”出来。

它赢了。

没有胜利之后的欢呼，也没有冲出困境后的长吁短叹。赢了之后的屎壳郎，就像刚才什么也没有发生过一样，它几乎没有做任何停留，就推着粪球急匆匆地向前去了。只留下我这样的观众，在这个场景面前痴痴发呆。

也许在生活的道路上，它已经习惯了这样的场景；也许它活着，根本不需要像人一样，需要许许多多的“智慧”；也许在它的生命概念中，根本就不懂得赢输。推得过去，是生活；推不过去，也是一样的生活。

由此想来，也许生活原本就没有痛苦。人比动物多的，只是计较得失的智慧，以及感受痛苦的智慧。

[书外人语] 沟沟坎坎，是所有道路的正常状态；起起落落，是所有生命的正常状态——不要过多地感慨，接着前进吧！

一墙之隔

| 萧 灵

2004年的清明节这天，南京的某家报纸报道了这样一件事：

有个漂亮的小女孩，父母是拾荒者，家境十分贫寒，而她很喜欢上学。她家隔壁就是学校，每天，小女孩都要趴着墙头向隔壁看，看着学校的孩子们，跟他们一起唱歌，想象着有一天自己也能成为他们当中的一员。就这样，年复一年，能够上学，是她一生中最大的愿望了，这种愿望，每天都在小女孩的脑海里盘旋着，加深着……小女孩经常缠着父母要去上学，可父母由于无力承担学费，只能一次一次地拒绝她。终于在一个春天的早上，她趁父母外出时，吊死在墙头旁……年仅六岁。

据当地报纸报道说：她是南京有史以来最小的自杀者。

理想与现实的差异，是很多人一生都跨越不过的距离，当理想如远在天边的月亮时，人们可以用一生的时间去仰望和追求它。可当理想就在一墙之隔，却永远无法企及时，这种痛苦和绝望，只能用死亡来诠释了。

很多人都是这样，可以忍受理想与你相隔万里，却无法忍受它与你一墙之隔。

[书外人语] 咫尺天涯，可遇却不可求，这大概是最让人无法忍受的理想了。

没有什么不可以改变

整理旧物，偶然翻出几本过去的日记。日记本的纸张有些发黄了，字迹透着年少时的稚嫩，我随手拿起一本翻看。“今天，老师公布了期末成绩，我万万没有想到，我竟然考了第五名。这是我入学以来第一次没有考第一，我难过地哭了，晚饭也没有吃，我要惩罚自己，永远记住这一天，这是我一生最大的失败和痛苦。”

看到这里，我自己忍不住笑了。我已经记不得当时的情景了。也难怪，自离开学校后这几年所经历的失败与痛苦，哪一个不比当年没有考第一更重呢？翻过这一页，再继续往下看。

“今天，我非常难过。我不知道妈妈为什么那样做。她究竟是不是我的亲妈妈？我真想离开她，离开这个家。过几天就要填报高考志愿了，我要全都报考外省的大学，离家远远的，我走了以后再不回这个家！”

看到这里，我不禁有些惊讶，努力回忆当年，妈妈做了什么事让自己那么伤心难过，但是怎么想也想不出来。又翻了几页，都是些现在看来根本不算什么的事，可是在当时却感到“非常难过”、“非常痛苦”或是“非常难忘”。看了不觉好笑，我放下这本又拿起另一本，翻开，只见扉页上写道：献给我最爱的人——你的爱，将伴我一生！我的爱，永远不会改变！

看了这一句，我的眼前模模糊糊浮现出那个同桌的他，曾经以为他就是我的全部生命，可是离开校门以后，我们就没有再见面，我不知道他现在在哪儿，在做什么。我只知道他的爱没有伴我一生，我的爱，也早已经改变。经历了许多的人，许多的事，到现在才明白：这个世界上，没有什么不可以改变。

曾经以为自己不会读低俗的武侠小说，现在才知道，武侠自有武侠的好，我的枕边每天都放着金庸和古龙的作品。曾经以为只要好好爱一个人，就不会分手，现在才知道，你对他好，他也一样会爱别人。曾经以为自己不会再爱上第二个人，可是现在，我正经历着一生中的第二次爱情，和第一次一样甜美，一样折磨人，一样沉迷，一样刻骨。所以你看，世界上没有什么不可以改变，美好、快乐的事情会改变，痛苦、烦恼的事情也会改变，曾经以为不可改变的事，许多年后，你就会发现，其实很多事情都改变了。而改变最多的，竟是自己。不变的，只是小孩子美好天真的意愿罢了！

[书外人语] 是我们改变了世界，还是世界改变了我们？二者是互动的。沧海桑田，没有什么不可以改变。

第七辑

【一念之间】

谦逊的拳王

美国著名的拳王乔•路易，纵横拳坛，打败许多高手。但是他平时为人十分的谦和，与赛场上的勇猛模样完全不一样。

有一天他和朋友骑车一起外出，在路上被一辆货车撞了一下。货车司机下了车，怒气冲冲地把他们痛骂了一顿。

等货车司机走了以后，他的朋友问他为什么不修理那个家伙？

乔•路易微微一笑，回答说："如果有人侮辱了歌王卡罗索，你想卡罗索会为他唱一首歌吗？"

[书外人语] 不轻易地出手反击，这实际上是一种自重。

余下都是利润

欧阳俊山

小镇上有一位五金店老板，从事这一行已有20多年，生意一直很好。但他对会计业务不在行，不习惯用账簿。他把支票放在一个棕色的大信封内，把钞票放在雪茄盒里，把到期的账单都插到票插上。

一天，他那个当会计师的儿子来探望他，说："爸爸，我实在搞不清你是怎么记账的，你根本无法核算成本和利润。我替你设计一套现代化会计系统好吗？"

老头说："不必了，孩子，我心里有数。我爸爸是个农民，他去世时，我名下的东西只有一条工装裤和一双鞋。后来我离开农村，跑到城

兒童不知春
問草何故綠

子愷

小 故 事 中 的 大 智 慧　　[小中见大☺**智慧文丛**]

里，辛勤工作，终于有了这家五金店。今天我有一个妻子和3个孩子，你哥哥当了律师，你姐姐当了编辑，你是个会计师。我和你妈住在一所很不错的房子里，还有两部汽车。我是这家五金店的老板，而且不欠人家一分钱。老头停了一下，接着说，“我的会计方法很简单，把这一切加起来，扣除那条工装裤和那双鞋，余下都是利润。”

[书外人语] 这是一种最原始的会计方法，但这种会计方法可以有效地计量人生的利润。

遗 憾

有一位女游泳选手，立志要成为世界上第一位横渡英吉利海峡的人。为了完成这一目标，她潜心苦练，要为这历史性的一刻做最充足的准备。

这一天终于来临了。女选手充满自信，在众多媒体记者的注视下，满怀信心地跃入大海，奋力地朝对岸游去。刚开始时，天气非常好，女选手很愉快地向目标前进。

但是快要接近英国对岸时，海上起了浓雾，而且越来越浓，几乎已到了伸手不见五指的程度。她处在茫茫大海中，完全失去了方向感，不知道到底还要游多远才能上岸。她越游越心虚，越来越没有信心。最后她终于宣布放弃了。

当救生艇将她救起时，她才发现只要再游一百多公尺就到岸了。众人都替她惋惜。

她遗憾地说:“要是我知道距离目标只有这么近，无论如何，我也会坚持到底的。”

[书外人语] 最艰苦的时候，或许就是最接近目标的时候，而大多数人恰恰是在这个时候放弃的。

善良的副产品

| 流沙

他在集镇上有一个菜摊，靠贩卖蔬菜维持生计。如果那天清晨他按照以往的路线到批发市场去，也许他的生活仍然十分平静。

但那天他起床稍迟了些，为了赶时间，他的三轮车拐入了一条小道。他在小道上遇到了一个女孩，一个长得很美但衣冠不整的女孩，她说自己是学生，她想去汽车东站，希望载她一程。

天已蒙蒙亮了，他看到她的眼神里充满了渴望，他知道从这条小道到镇上还有10多里的路程。

他是一个谨慎的人，他觉得在这个人迹罕至的地方，载一个衣冠不整的女孩，实在是一件十分冒险的事情。

他猛蹬了几脚三轮车，离去了。但他听到那个女孩的哭声，那种无助的哭声让他刹住了车。

他对着那个女孩喊:“喂，那你上来。”

女孩便跑着走上前来，坐到了他的三轮车上。半个小时后，他们到了镇上，那个女孩下了车，对他说:“谢谢。”

这只是一个邂逅，几天后他就忘了。

但一个月后，他的菜摊上突然出现了一男一女两个中年人，他们问他，一个月前你是不是载过一个女孩。

他想了半天，终于想起那天清晨的事。他说:“是的，那是一个穿着黑色上衣的女孩。”

中年男女说，他们是女孩的父母，他们的女儿失踪了，他们费了许多周折才打听到他曾载过她。

他说那个女孩一到镇上就下车了，不知去了哪里。但他的解释显然没有令中年男女满意。他们站在菜摊前，一遍遍地进行追问，很快，他的菜摊前围满了人。

这个暧昧的消息传得比风还快，集镇上所有的人都知道他在某个清晨，在一个少有人迹的地方载过一个漂亮女孩，而那个女孩现在失踪了。

那对中年男女每隔一段时间就要到菜摊上寻事，最后他们请来了警察，但警察没法认定他有犯罪嫌疑。他的苦难生活从此开始了，他的妻子开始不信任地，他的儿女开始诘问他那天早上到底做了什么。

他一遍遍复述着那天清晨的细节，但没有一个人会相信他了。

他的菜摊无法摆下去了，他也无法面对熟人怀疑的目光。他索性外出打工去了，再也不敢回家了。直到他的手被打桩机截断，建筑队的老板给了他5万元钱，打发他回家。

他回来了，但他和妻子、儿女的关系已经生疏了。他重新摆了一个菜摊，但生意很差。他每天坐在那里，像枯树一样等待着顾客的来临。

有一天，他的菜摊前出现了许多人，一个抱着孩子的少妇，还有那对中年夫妇。那对中年夫妇向他说“对不起”，那个少妇说:“你是个好人。”于是，人们知道了这个故事的原委，那个女孩在4年前的那个清晨间歇性的精神病发作，离家出走，最后沦落到外地，被好心人收留，病治愈后，嫁夫生子。

大家都在唏嘘。

而他坐在菜摊前，一声不响。他的眼神是混沌的、惊惧的。最后，他抓起一只灌满水的可乐瓶，往风干的菜叶上洒水，然后说道：

“你们买些菜吧。”

[书外人语] 这个故事让人产生一种恐惧感，行善的结果反而是给自己带来灾难。故事的结局虽然是真相大白，但伤害却再也无法抹去。由此可见，人与人之间的一份宽容和理解是多么珍贵。

人，又少了一个

| [美]聂华苓

三年前，也是冬天。一个骨瘦如柴的女人来到我家门前。

她头发蓬乱，脸色苍黄，穿着一件空荡荡的破旧花棉袄，和一条褪色的灰布裤子，手中提着一个白布口袋。她轻轻推开我家虚掩的大门，缩缩瑟瑟地探进头来。我正站在窗口。

“太太，我不是叫花子，我只是要点米，我的孩子饿得直哭！”她没等我回答，就自我介绍下去，“我也是大学毕业的。喏，你看。”她抖着手由内衣口袋中掏出身份证来，“这上面都写着的，这是我以前的照片！”

由于好奇，我接过她的身份证。那是一个富态的中年女子的照片：光亮细碎的发髻，整整齐齐地贴在头上，淡淡的双眉，弯在那一双满足的眼睛之上，衣襟上还盘着一个蝴蝶花扣。

我端详着那照片的时候，她就一个人絮絮叨叨地讲了下去：“我先生坐了牢，我就一个人带着四个孩子，饱一天，饿一天。我替人洗衣服，付了房钱，喝稀饭都不够！孩子们饿得抱着我哭，我只有厚着脸皮出来讨点米。我只要米，不要钱，我不是叫花子，我是凭一双手吃饭的人！太太！唉！我真不好意思，我开不了口，我走了好几家，都说不出口，又退出来了！我怎么到了这一天！”她撩起衣角来拭眼泪。

我将她的口袋装满一袋米。她抖动着两片龟裂的嘴唇说道：“这怎么好意思？您给我这么多！这怎么好意思！谢谢，太太，我不晓得怎么说才好，我——我直想哭！”她淌着泪背着一袋米走了。

三年后的今天，我又看见了那个女人。她正站在巷口一家人门前，我打那儿经过。她皱缩得更干更小了！佝偻着背，靠在门框上，脸上已经没有三年前那种羞怯的神情了，咧着一嘴黄牙，阴森森地笑着，用一种熟练的乞讨声调高声叫道：“太太，做做好事，赏一点吧！太太，做做好事，赏一点吧！”只听得门内当啷一响，是金属落地的声音，接着是一声吆喝：“一角钱拿去！走，走，谁叫你进来的？你这个女人，原来还自己洗洗衣服赚钱，现在连衣服也不洗了，还是讨来的方便！”

那女人笑嘻嘻地：“再赏一点吧，太太，一角钱买个烧饼都不够！”“咦，哪有讨饭的还讨价还价的？走，走，在这里哼哼唧唧的，成什么样子？”那女人的嘴笑得更开了：“再给我一点就走，免得我把您地方站脏了，再多给一点！”

砰的一声，大门被踢上了。那女人回过头来，冷笑了一声，然后漠然望了我一眼，她已经不认得我了！

［书外人语］人与动物的区别之一就是有耻辱感，有了耻辱感，这个人就还有希望，就还是一个人。一旦连这个也失去，那就等于是失去了做人的资格。

你该相信谁

阿 黎

威斯康星的一个好男人，做完礼拜突然拔枪向人群疯狂开枪，打死7人，打伤4人，最后他对着自己开了一枪，也死了。这个男人叫拉茨曼。

传出来的话是，拉茨曼是个不错的男人，自己种蔬菜与邻居分享，小松鼠掉进菜园的陷阱里，他会去放生。拉茨曼是一家电脑公司的技术员，最近面临失业的危险。

没有其他信息，仅此而已。就这样，一个不错的男人对着人群开了枪，打死打伤7个人，然后自杀。这，太不可思议了。这个拉茨曼一定是病了，而且病得不轻。可是在这个熙来攘往的热闹世界上，没人知道他、理会他、拯救他，于是，这个病入膏肓的人作出了一个最可怕的选择。

最近，我们弄堂里发生了一起火灾。火灾是多么令人心悸，但火灾中的一个细节令我们的心颤动不已。弄底的阿三冲进火场，将瘫痪的施家阿婆背了出来！

这个阿三是个赖皮，平时谁都这样认为。

阿三没工作。不知道他是靠什么生活的。整天穿得油光锃亮的在弄堂口现眼，找机会和人打情骂俏。有时候睡到天光大亮，然后和一个谁也不认识的女人走出房间，还特别得意。每当这时候，大家吃惊的目光几乎要在他的背上扫射出无数个枪眼。有时候，市场里的人会来找阿三，教训他再别做偷鸡摸狗的事情，阿三总死皮赖脸地狡辩。

就这样一个人，救了施家阿婆。

阿三和拉茨曼，在别人的眼里，一个是坏人，一个是好人。可好人却做了最恶的事，坏人却做了最善的事，这个世界真的叫人看不懂。

[书外人语] 也许每一个人的身上都存在着善与恶、好与坏，在特定的时空中，他会有意无意地表现出自己的隐藏的另一面来。所以说，许多事情并不像表面所体现的那么绝对。

心中的狼

|王国华

北京有一个大款，要花钱买个宠物来玩。他在狗市上转悠，有人便向他推荐了一只小狗崽。这只小狗崽长得骨架子很大，一打眼就知道是长大了以后极凶猛的那一种，于是他便掏钱把它买下。

回来之后，小狗顿顿吃肉，又有专人照料，长得很快。不久，一条剽悍、强健、虎虎有生气的大狗便站立在主人面前。大款十分高兴，逢人便向别人炫耀。但是后来随着时光的推移他发现这条狗的眼神有点儿不对劲，阴阴的，瞅人时透出一股瘆人的凶光。他心里一惊：这别是一只狼吧！于是他立即找人打制了一个铁笼子，把“狗”围了起来，“狗”在笼子里凶相毕露，不安地走来走去，并低声长吼。大款去动物园找了个专家来家里，最后确认：这的确是一只狼！

大款惊出了一身冷汗！

这只是个偶然事件，然而有一种名叫“欲望”的动物却会在我们心中生长，小的时候它生动可爱，可是待它一长大，你控制不了的时候，它就会成为你生活里的狼，咬伤别人和自己。这条心中的狼才是我们最应警惕的啊！

[书外人语] 欲望是一种容易放纵，却很难控制的东西。时时警惕，时时反省，千万别让欲望操纵我们的人生。

不要被自己击倒

|感　动

第一个故事：我曾经有一个朋友，是一个出类拔萃的青年教师。5年前，他因为胸部疼痛去一家医院检查，结果他拿到的是确诊为肺癌的化验单。回到家，他便倒下了，再也吃不进一口东西。从此，他目光呆滞，惶恐不安，日渐消瘦，不到6个月，这个生龙活虎的年轻人便病入膏肓了，家里为了他耗尽所有钱财，仍未挽回他的生命。

今年4月，这家医院因为管理混乱、造成很多医疗事故而被媒体曝光，接着被卫生部门全面检查，许多令人吃惊的错误被公布于众。

一天，一个男人来到我朋友的家里告诉他的父母：医院在5年前把化验单弄错了，确诊为癌的本来是他，而朋友当年的化验结果为：肺感染。

另一个故事：美国的科学家不久前做了一个试验：把一只小羊和一只狼关在一起。狼是拴着的，吃不到羊。但是羊却可以听到狼的叫声，看到狼凶巴巴的样子。而另外一只小羊是单独关起来。8个月以后，单独圈养的羊膘肥体壮；但是和狼关在一起的那只，永远是一只长不大的小羊，后来逐渐就僵掉了，再后来就变成病羊了，最后成了一只死羊。

与一个心理学家聊天时，他告诉我，我的朋友和那只羊的确都是病死的，但这个病的病根却是源于内心，心理脆弱的人会接受外界刺激，然后转变成压力强加给自己。这种压力不断地变大变大，最后就把自己给压垮了。

[书外人语] 外力往往只能打击一个人而不能摧毁一个人，包括疾病、灾难等一切的不幸。能摧毁我们的，其实是我们自己那颗脆弱的心。

权　力

|牟丕志

黑熊、灰狼、狐狸组成一个强盗团伙，常常肆无忌惮地袭击羊群，使羊群不得安宁。

羊群中的头羊决定采取分化的办法，对付这伙强盗。于是采取进谗言、挑拨离间等办法，但是没有成功，因为黑熊、灰狼、狐狸团结得很紧密，它们并不相信谣言。

后来头羊死了。死前，它把位置交给一位年轻的羊。这位年轻的羊并没有直接上任，而是提出了一个令大家十分吃惊的计划。它说，要请黑熊、灰狼、狐狸其中的一个来担任羊群的头领。

对此，大家都坚决反对。但是被委以重任的年轻山羊却坚持自己的主张。它把这一决定传递给黑熊、灰狼、狐狸。它们都十分兴奋，谁要是当上羊群的头领，就意味着拥有整个羊群的指挥权，这里的好处太多了。

可是，由谁当这个羊群的头领呢？

黑熊想：我在团伙中力气最大，做的贡献也不小，这羊群的头领应由我来当。

灰狼想：我在团伙中最为凶猛，咬死的山羊最多了，论贡献我最大，这羊群的头领理应由我来当。

狐狸想：我在团伙中是智多星，很多点子都是我想出来的，我起的作用是最大的，这羊群的头领应由我来当。为此它们争执起来，谁也不服谁。大家就这样僵持起来，火气越来越大。黑熊首先起了杀机，它决定用武力除掉灰狼和狐狸。

黑熊趁灰狼不备时忽然向它发起了攻击，一下子就咬断了狼的脖子。

黑熊还准备向狐狸下手。

狐狸看出黑熊的心思。它处处防备着黑熊，同时，准备除掉黑熊。

它找到一个经过猎人伪装的陷阱，陷阱上面只有一层树枝。于是，它便躺在上面假装睡觉。因为狐狸身体轻，并没有陷下去的危险。

黑熊发现有了动手的机会，于是它猛扑向狐狸，可狐狸却迅速地躲开了。黑熊却一头栽进了陷阱里。

剩下的只有狐狸了，它已对羊群构不成威胁。

这时，众羊才知道，权力原来只是一个陷阱。

[书外人语] 权力的陷阱，能让任何自以为强大者最终走向毁灭。

人性的弱点

一位科学家得知死神正在寻找他，便利用克隆技术复制出了12个“自己”，想在死神面前以假乱真保住性命。

面对13个一模一样的人，死神一时分辨不出哪个才是真正的目标，只好悻悻离去。但是没过多久，对人性的弱点了如指掌的死神，想出了一个识别真假的好办法。

死神又找到那13个一模一样的科学家，对他们说:“先生，你确实是个天才，能够克隆出如此近乎完美的复制品。但很不幸，我还是发现你的作品有一处微小的瑕疵。”

话音未落，那个真的科学家暴跳起来大声辩解道:“这不可能！我的技术是完美的！哪里有瑕疵？”

“就是这里。”死神一把抓住那个说话的人，把他带走了。

[书外人语] 不愿意接受批评正是人性最大的弱点之一。

你不信任我

出租车把我载到一所大楼前。“劳驾，”我对司机说：“别关计价器。我到公司里去去就回来，然后我们再朝前开。”

司机不满地皱了皱眉。

“也许，先结账不是更好吗？”他问。

“不不，我还要继续坐您的车呢，”我说，“瞧您，不信任我吗？您想我会溜掉？”

“我什么也没想，”司机说，“什么人都有嘛，有人会溜，有人不溜……”

“哎，就是说，您还是认为我可能会溜?！那好……我把我的帽子押在您这儿。”

“您说哪去了！”司机生气道，“我要您的帽子干吗？我信任您……您把公文包留下再走。”

“啊，什么？”我冒火了，“行啊，我把我的公文包留下。只是您要允许我记下您的车牌号码。”

“您这是干吗？”司机皱起了眉头，“不信任我吗？您想我会开车溜掉？”

“我什么也没想，”我说：“什么样的司机都有嘛，有人喜欢帽子，有人喜欢公文包。”

“啊，说什么呢？”司机说，“那好！把我的车号记下吧：MT-40-20。不过您得先让我看看，公文包里有些什么。”

“这又是干吗？”

“免得过后说不清。”

“看吧，”我没好气地说，“喏，里边有文件、书、电动剃须刀。”

“电动剃须刀不是坏的吧？”

“怎么会坏呢？现在还能用。”

“什么叫‘现在’还能用？我可不打算在这儿测试。”

“谁知道了？”我冷笑一声，“您的胡子正没刮呢。脸有点浮肿，眼睛是淡色的，左颊上有个瘤……”

“在记我的外貌吗？”司机凶巴巴地说，“那好！我也不会忘了您的！蒜头鼻子圆眼睛。两只耳朵不对称……左边有颗镶牙……”

“好，既然事情发展到了这一步，”我也凶巴巴地说，“干脆就来个正式的！这是我的证件：身份证、通行证、结婚证。拿去吧！要知道，您可是在和一个正派人打交道。把您的也给我！”

“给！”他说，“这是驾驶证、工会证……”

“户口证当然是没有啦。”我指出。

“没有。”他答道。

“好，没什么，必要时警察会找您的。”

“必要时您也会被传唤的……”

“万一出事，您触犯的是刑法第144条！”

“而您触犯的将是第147条第二款。”他回应道。

我们恶狠狠地直瞪着对方。

“听我说，”我突然改口道，“您不觉得害臊吗？”

“您呢？”

“我为我们两个感到害臊！”我说。

“我也是！”他说着垂下了眼睛，“收回您的证件吧……”

“您也收回您的……”

“请把公文包拿去……”

“谢谢，”我说，“我会把您的车号忘掉的：MT-40-20。”

“让我们都忘了吧。”他说。

我们亲热地相互拍拍肩。

“我怎么会把您往坏处想呢？”我觉得奇怪，“您的脸这么讨人喜欢。眼睛是灰色的，脸颊上有颗痣。”

“您长得也很帅，”他说，“您不在我还怪闷的……”

我们相互温和地笑了笑，随后我下了车。

快走到入口处时，我发现通行证不见了。

“真见鬼！”我想，“就是说，他还是扣下了我的通行证以防万一……哼，没什么……他溜不掉的……我也采取了万全之策，我戳破了他的后轮胎……”

[书外人语] 信任是一种真诚、发自内心的品质，也是相互的一种交流，你不能真正的信任别人，就别指望别人能信任你。

请不要对穷人大声发笑

有个外地民工夜间腹痛如绞，跑来急诊。他脸色铁青，自己已经不能行走，由他矮小的妻子吃力地半驮着进来。作了常规检查后，我的同事就开了处方给他。虽然他是如此疼痛，急需用药，却十分意外地提出一个要求。他问，吃了这些药，是否马上能够恢复健康？

同事告诉他，这种不明原因的腹痛，还需要作进一步检查。不料他蛮横地说，既然吃了药，就必须保证治好！同事哑然，告诉他任何事物都没有必然和绝对，医生的职责是尽一切努力帮助病人。

这个民工最后拒绝接受治疗，他双手紧按小腹，忍受着剧烈的痛楚，仍由他矮小的妻子半驮着离开了医院。面对这样一个病人，我不知说什么好。按一般的常识去理解，这真是一件很可笑的事和一个很可笑的人。他的不可理喻，已达到漠视生命的地步。但是我又不敢笑，我脑中不断重复着他那张痛苦的脸，不断重复着他默默无声的妻子的背影，无论如何也不敢笑！

这是一个生活在社会常识以外的人，国际新闻与他无关，体制改革与他无关，时尚广告与他无关，连最起码的健康常识也与他无关。唯一与他有关的是，今天应该怎么办！唯一与他有关的是，绝不容许随随便便浪费一分钱！当一个人落在贫困的深渊，他不得不违背普通的生活常识，不得不将自我关爱降低到别人无法理解的程度。这个民工也许还是第一次进医院，他唯一的消费逻辑就是，花了钱就必须治好病，不能保证治好病就不花冤枉钱！

前些年报纸上说，有一个地方的人靠卖血为生，后来很多人感染了艾滋病，但是为了生存，他们还在继续卖血。当这个社会的所谓主流阶层声声呼唤着环保、到处张贴汽车时代的宣言时，在我们媒体视野之外的地方，多少人们过着原始的、没有任何保障的生活。他们距离我们并不遥远，在城市的每一个阴暗角落，在我们父辈的故乡，处处是这些远离时代的人，处处是这些漠视生命权利的人。

有一个老实的农民，为了节约三分钱，吃了兽医开给母猪的过期药物中毒住院，花去好几千医药费，引起我们的媒体大声爆笑。每天都有这样的事情在发生，一个最庞大的群体每天都必须承受来自社会中上层的文化批评和道德谴责，外加一阵刺耳的嘲笑。每次听到这样的笑声，我内心感到无比的愤怒和悲哀！这是动物世界的笑！这笑声以我们的良知为代价，以现代社会的丛林法律为准则，摧残着人类相互眷顾的善良精神。这样的媒体和这样的记者，应该遣送他们去猪栏！

我们的一些所谓文化人，一些拥有话语权和语言资源的人，他们笑容可掬，天天唱着赞美的诗歌。还有我们的一些年轻人，在时尚花园流连忘返，轻歌曼舞。他们的私人生活是绝对的自由，绝对的平等，绝对的人权，他们批评肮脏，痛斥愚昧，尖刻地嘲弄着那些拖了文明后腿的人。他们的理由是什么，当然是他们自己代表了先进的文化，代表了时代的主流。如果说还有什么事情没有做，还有什么事情没有经历，那就是面对贫穷的人们，我们在痛苦地等待着一个忏悔时代的来临，痛苦地等待着良智和眼泪。我们的文化人要学会痛恨，痛恨那些靠赞美为生的虚伪的嘴脸，揭露那些站在高处朗诵文化经、道德经的人。还有那些风花雪月的年轻人，用他们寻找浪漫情爱的目光，关注一下贫穷的细节，试着用情人的热泪去替代麻木的浪笑。

［书外人语］面对我们身边的贫穷，我们感到的应该是沉甸甸的责任和谴责，而不是轻浮和自以为是的嘲笑！

你的决定灭了谁

朋友手拿一份报纸让我做一个小小的测验，我欣然同意了。

问题一：如果你知道有一个女人怀孕了，她已经生了八个小孩，其中有三个耳朵聋，两个眼睛瞎，一个智能不足，而这个女人自己又有梅毒，请问，你会建议她堕胎吗？

我刚要回答，朋友制止了我，又问我第二个问题。

问题二：现在要选举一名领袖，而你这一票很关键。下面是关于这三个候选人的一些事实：

候选人A：跟一位不诚实的政客有往来，而且会咨询占星学家。他有婚外情，是一个老烟枪，每天喝8–10杯的马丁尼。

候选人B：他过去有两次被解雇的记录，睡觉睡到中午才起来，大学时吸过鸦片，而且每天傍晚会喝一夸特的威士忌。

候选人C：他是一位受勋的战争英雄，素食主义者，不抽烟，只偶尔喝一点啤酒。从没有发生过婚外情。

请问你会在这些候选人中选哪一个？

朋友让我把答案写在纸上，然后告诉我说：

候选人A是富兰克林·罗斯福。候选人B是温斯顿·丘吉尔，候选人C是亚道夫·希特勒。

我听了答案惊讶地张大了嘴巴。

朋友表情凝重地问我：你是不是为世界人民选择了希特勒？那你会建议这位妇女堕胎吗？

我说：这个问题不用考虑，我们受计划生育优生优育教育多年了，都生那么多歪瓜劣枣了，就别再添乱了。堕胎。

朋友说：你杀了贝多芬，她是贝多芬的母亲。

我又一次吃惊地张大了嘴巴。

朋友说：吓一跳吧？本来你认为很好很人道主义的答案，结果却扼杀了贝多芬、创造了希特勒！

最后朋友总结道：所以不要用既定的价值来思考事物。

我抓过朋友手中的报纸，原来真是一个测验题，题目是《你的决定灭了谁》。

[书外人语] 任何事物的发展总是充满着不确定性，所以千万不要以不变的眼光看待它，不要以既定的价值观思考它。

一个平常的故事

|张林薇

冬天里我回家，母亲告诉我祥死了。我吃了一惊，那个拄着拐杖踽踽独行的影子出现在了眼前。

祥小时候是个健康健全的孩子，有一次爬树摔了下来，从此就拄上了单拐。祥拄着拐杖勉强念到初中就辍学回家了，家徒四壁的他迷恋上了画画。而那时我中学毕业在家务农的二哥也正在狂热地钻研书画，并且达到了废寝忘食的地步。

天道酬勤，他们的画被选进了乡文化站的橱窗里。一种成就感激励着他们，他们期待有一天祖辈赋予的宿命能有一个改观。

还没等到机会来临，他们的命运就因为一个看似偶然其实必然的原因在一个岔路口分道扬镳了。那是两个乡村青年第一次到县城。他们先到新华书店买了几本书，然后不经意地走到县文化馆的门前，里面正举行一个职工书画展，他们走了进去，一幅不落地看完了那些字画。走出大门时，二哥摸摸路旁一排冬青树的叶子，充满神往地说:“将来要能到这里来工作就好了。”而祥却拄着拐杖站在冬青旁说了一句话:“还画什么劲呢？再怎么画，咱也赶不上人家的。”

祥就以这句话为他几年的梦想和追求画上了句号，一次县城之行，让他增长了见识，也让他一下子丧失了所有坚持的信心和勇气，他回到家后就收起了纸和笔。二哥独自坚持了下来，两年后他成了文化馆的一名正式职工。谈不上事业有成，他只是过上了自己想要过的生活。

祥的故事向我们展示了一个比贫困还要可怕的东西，那就是自卑。有时候扼杀一个人的梦想打垮一个人的精神的，不是贫困，不是恶劣的环境，也不是别的什么坚硬的东西，而恰恰是来自自己心底的卑微感。

[书外人语] 贫困和恶劣的环境都是可以通过努力改变的，而自卑，则导致一个人放弃努力和希望，最终屈服于贫困和现实环境。

你想不到的快活

| 李维明

他曾供职于一家权力部门，他的能力使他很快得到上司的信任。在一次精心策划后，他“成功”地将一大笔资金攫为己有。在事情行将败露前两天，他又“成功”地完成了潜逃。一切如他预先设计好的那样顺利。

接下来是三年的亡命生涯。他事前潜心研究过各种反跟踪技术。为了躲避追捕，他每隔三天要换一家旅店(当然还是不起眼的那种)，没有在一个城市逗留时间超过半个月，甚至没有给他至爱的亲人打过一个电话。

但他还是被抓捕归案了，应了那句“天网恢恢”的老话。与他同监一室的，是一个作案多起、累计金额却不足两万元的小偷。当得知他的作案经历后，小偷对这位“大家”敬佩得五体投地。

“你三年花掉了两百多万，享尽了荣华富贵，你真的是太快活了！我要像你这样，这一辈子也值了。”

他苦笑道:“三年来，钱我是花了不少。该吃的吃了，该玩的也玩了，什么样的事也算是见识过了。可我整天提心吊胆，没有过过一天安心的日子。你知道我三年来最快活的一件事是什么吗?”

“呵呵，我哪有你那个福气！我偷了两万块钱还不到，用了的还不到十分之一。我算是倒霉透了。”小偷傻笑了起来，嘴角还流出了涎水，他的眼神里流露的是嫉妒和向往。

他说:“我说的最快活的事，就是我被抓起来的那个晚上，我睡了三年来持续时间最长的一个囫囵觉。后来我那可怕的失眠症也好了。”

[书外人语] 法律的制裁或许可以暂时逃脱，但心灵的惩罚却始终如影随形。

学会玩

| 张锐

有一次和美国朋友聊天，我谈到中国的大学生往往在玩的时候有一种“罪过感”，一边玩一边怪自己“堕落”，因为大部分中国学生都经历过漫长痛苦的应试教育阶段，在他们的心中，玩总是有一种负面的色彩在里面，必须节制。美国的朋友大声惊呼，因为这正好和他们的观念相反。他们经常抱怨的是“I can′t believe I haven’ t gone out for two weeks!”(我简直无法相信居然有两周没出去玩了！)

后来在我去美国Tufts大学实习时，有机会和美国孩子一起同住同玩，发现即便是在最繁忙的工作和期末考试阶段，大家仍然有一种“work hard，play hard”(努力的工作，努力的玩)的精神。我们在实习的时候往往工作到半夜两点下班，然后大家去兰桂坊狂欢到三四点，第二天九点继续回来精神抖擞地上班，公司的美国高层就非常欣赏这种“硬朗”的作风。

在我们的大学里，玩的功能就是娱乐消遣；而在美国，玩更重要的功能是社交。结果是，中国大学生交际的圈子比较狭窄、固定，而美国的大学生交际的圈子一直处于高度流动的状态。在西方文化中，玩的一个很重要的目的是去新的地方、认识新的人、和新的人一起体验新的好玩的感觉。尽管这些话听起来很简单，但是一想到毕业的时候，我们一

个系里还有那么多的同学之间从来没有说过话或者彼此不认识，我就不由得苦笑。

其实，我们完全应该尝试着改变自己的心态，使“玩”这个事情变成锻炼自己、充实自己的活动。我想，当你在某个领域成为小有名气的“玩家”的时候，你会发现，意想不到的机会和故事将改变你原本平凡的生活。

[书外人语] 玩每个人都会，但玩出精彩就不是每个人都能做到的了。

长长的夜路

李维明

五年前的一个深夜，第三次失业的小王从廉价骚乱的电影夜场出来，跟上了一位夜归的女孩。暗淡的灯光下，女孩孤单而惊恐，但她还是笑着打了个招呼:“你好，你也怕坏人吗？我们一起走吧!”

小王体内窜动着的几乎失控的邪念顿时消失了，他和女孩肩并肩走了长长的一段路，这让他想起了青春岁月里那些奋发向上而充满激情的日子。他把女孩送到了一所高校门口，而后愉快地相互道别。女孩笑着说:“谢谢你陪我走了这么长的一段夜路。”

现在，小王成了王经理，坐在光亮宽敞的办公室里，他由衷地感激那个不知名的女孩:“谢谢你带我走过那么长的一段夜路。”

[书外人语] 上善若水，善的力量如同水一样巨大，可以包容世间万物。倘若每个人都能怀着一颗爱心去做善事，那么我们的世界将会更加美好。

项链与香水

| 胡继风

与同事老梁省城出差，办完公事后上街，出旅社不远，被一靓女拦住，靓女凤目含笑，声音甜软："先生，我们正在进行产品宣传，看看好吗？"

兰花指所向，一摊点沿街排开，众美女左顾右盼。

"看就看，有什么大不了的？"

见我们靠近，另一美女上前热情招呼："先生，这是我们公司最新箔金项链，不褪色，在大商场要卖二百多元呢……"

"鬼话，"我低声对老梁说，"在我们那座城市，像这种东西大街小巷到处都有，花10块钱就可以买一条裤带那么长。"

小姐见此，话锋一转："但是，今天我们做产品宣传，一分钱不要，白送给二位。"

"天上不会掉馅饼。"我对老梁说。老梁不信："不要白不要，拿了回家哄哄老婆。"

小姐迅速拿起一条金光闪闪的项链，包好后放进一只精致的丝绒包裹的小盒子里，老梁接过，喜上眉梢。

"项链的钱我们可以不要，但盒子我们就不能白送了，不过我们只收成本20元。"小姐依旧眉目含笑。

我看了老梁一眼，老梁一脸苦水，但木已成舟。

"花20块买一只小盒子，值！"我幸灾乐祸。

然后我们走进很有名的大商场，商场正在搞促销，凡购物满200元，可以参加抽奖一次，中奖率百分之百，狠了狠心，我买了条248元的裤子，要知道，我可从未穿过这么贵的裤子。

一抽，果然中了，还是二等奖。小姐说："到一楼化妆品柜台兑奖

去。”

到一楼，小姐说:“按我们这次活动的规定，二等奖获得者可以半价购买我们价值1500元的进口香水……”

“妈呀!”眼前一黑……

再花两块钱，就成了二百五了。这下轮到老梁笑我了。

[书外人语] 提醒别人容易，提醒自己却很难。有些骗局，当你以局外人的心理去看待时，一目了然，但当你身处局中时，往往会不自觉地上当。

第八辑

纯洁情谊

美好的约定

一个阳光明媚的下午，男孩和女孩在医院的走廊上相遇了，在四目相触的一刹那，两颗年轻的心灵都被深深地震撼了，他们都从彼此的眼睛中读出了那份悲凉。从此以后，男孩和女孩相伴度过了一个又一个日出日落，昼夜晨昏，两人都不再感觉孤独无助了。

终于有一天，男孩和女孩被告知他们的病情已到了无法医治的地步。男孩和女孩都被接回了各自的家。他们的病情一天比一天严重起来，但男孩和女孩谁也没有忘记他们之间曾经有过一个约定，他们惟有通过写信这种方式来交换着彼此的关心与祝福，那每一字每一句对他们来说都是一种莫大的鼓舞。

就这样，日子过得飞快，转眼已经过了三个月。三个月后的一个下午，女孩手中握着男孩的来信，安详地合上双眼，嘴角边带着一抹淡淡的微笑。她的母亲在她的身边抽泣着，她默默地拿过男孩的信，一行行有力的字跃入眼帘：“……当命运捉弄你的时候，不要害怕，不要彷徨，因为还有我，还有很多关心你、爱你的人在你身边，我们都会帮助你，爱护你，你绝不是孤单一人。”

女孩的母亲拿信的手颤抖了，信纸在她的手中一点点润湿了。

第二天，母亲在女孩的抽屉发现了一叠写好封好的但仍未寄出的信，最上面一封写的是：“妈妈收”。女孩的妈妈疑惑地拆开了信，是熟悉的女儿字迹，上面写道：“妈妈，当你看到这封信的时候，也许我已经离开您了。但我还有一个心愿没有完成。我和一个男孩曾有一个约定，我答应他要与他共同走过人生的最后旅程，可我知道也许我无法履行我的诺言了。所以，在我走了之后，请你替我将这些信陆续寄给他，让他以为我还坚强地活着，相信这些信能多给他一些活下去的信心……女儿。”母亲的眼眶再一次湿润了。

女孩的母亲按信封上的地址找到了男孩的家。她看到了桌上正中镶嵌在黑色镜框中的照片上的那生气勃勃的男孩。女孩的母亲怔住了，当她转眼向那位开门的妇人望去时，那位母亲早已泪流满脸。她缓缓地拿起桌上的一沓信，哽咽地说:“这是我儿子留下的，他一个月前就已经走了，但他说还有一个与他相同命运的女孩在等着他的信，等着他的鼓舞，所以，这一个月来，是我代他发出了那些信……”说到这儿，男孩的母亲已经泣不成声。这时，女孩的母亲走过来，紧紧抱住了男孩的母亲，喃喃地道:“为了一个美好的约定……”

[书外人语] 生活中若没有朋友，就像生活中没有阳光一样。而朋友间的承诺与约定，则是彼此走下去的勇气。

杰克的圣诞橘子

| [美]劳拉·马丁布罗 李荷卿译

九岁的杰克长着一头乱七八糟的褐色头发和一双天使般明亮的蓝眼睛。杰克从记事时起就一直住在一所贫困的孤儿院里。那里只有十个孩子，杰克是其中之一。孤儿院的物质非常匮乏，唯一的经济和物质来源就是艰难地、持续不断地向这个城市里的居民们募捐。

孤儿院里的食物很少，不过，虽然孩子们平时总是饥一顿饱一顿的，但是每到圣诞节来临的时候，那里似乎总是有比平时多一点的食物可以吃，孤儿们似乎也比平时要居住得暖和一点儿。而且，这时候，孤儿院里总是或多或少地笼罩着一种喜气洋洋的节日气氛。当然，最重要的是，这时候，那里有圣诞节的橘子！

圣诞节是一年中唯一一个提供这种精美食品的时候，每一个孩子都把它当作珍宝一样看待，好像在这个世界上，再也没有什么食物比它更好吃了。他们用手抚摸着它，感觉着它那又凉爽又光滑的表面，一边赞美它，一边慢慢地享受着它那酸甜的汁水。真的，这是每一个孤儿的圣诞之光和他们所能得到的最好的圣诞礼物。因此，可以想象得出，当杰克收到他的橘子时，他将会感到多么巨大的喜悦啊！

可是，在圣诞节的前一天，杰克不知道在哪里踩了一鞋子的湿泥，而他自己一点儿也不知道。他从孤儿院的前门走进去，在新铺的地毯上留下了一长串带着湿泥痕迹的脚印。更糟糕的是，他甚至没有注意到这一点。等到他发觉的时候，一切都已经太晚了。惩罚是不可避免的，而惩罚的内容却是出人意料而无情的，杰克将得不到他的圣诞橘子！这是他从他所居住的这个冷酷世界里能够得到的唯一一份礼物。但是，在盼望他的圣诞橘子整整一年以后，他却得不到他的圣诞橘子。

杰克含着眼泪恳求原谅，并且许诺以后再也不会把泥土带进孤儿院里来，但是没有用处。他感到一种无助的和被抛弃的感觉。那天夜里，杰克趴在他的枕头上整整哭了一夜。在圣诞节那天，他感觉内心空虚而又孤独。他觉得别的孩子们不想和一个被处以这样一种残酷的惩罚的孩子在一起。也许，他们担心他会毁掉他们唯一一个快乐的日子。也许，他在心里猜想，之所以会有一道鸿沟横亘在他和他的朋友们之间，是因为他们害怕他会请求他们把他们的橘子分给他一点儿。那一整天，杰克一直孤独地待在楼上那冰凉的卧室里。他像一只受冻的小狗一样蜷缩在他的唯一的一条毯子底下，可怜兮兮地读着一本关于一个家庭被放逐到荒岛上的故事。只要杰克拥有一个真正关心他的家庭，他并不介意他的余生会在一个与世隔绝的荒岛上度过。

最糟的是，睡觉的时间到了，杰克却怎么也睡不着。他怎么能够说他的祈祷词呢？他在又凉又硬的地板上跪了下来，轻轻地呜咽着，祈求上帝为他和像他一样的人们结束世间的一切苦难。

当杰克从地板上站起来，爬回到他的床上时，一只柔软的手摸了摸他的肩膀。他吃了一惊，接着，一个东西被轻轻地放在了他的双手上。然后，给他东西的那个人什么也没说，就悄无声息地离开了房间，把不知所措的杰克一个人留在了黑暗里。

杰克把手里的东西举到眼前，就着昏暗的灯光，看到它好像是一只橘子！不过，它不是一只又光滑又闪亮、形状规则的普通橘子，而是一只特殊的橘子，一只非常特殊的橘子。在一个用橘皮碎片拼接在一起的橘壳里，有九片大小不一的橘子瓣儿。那是为杰克做成的一只完整的橘子！是孤儿院里的其他九个孩子从他们自己珍贵的几瓣橘子中每人捐出了一瓣，组成的一只完整的、送给杰克做圣诞礼物的橘子！那一刻，杰克泪如雨下。那是他收到的最漂亮、最美味的一只圣诞橘子！

[书外人语] 杰克的圣诞节因这个拼凑的橘子而重新焕发出光彩。而照亮他的，正是朋友间无私的爱。爱是人世间光明的使者，让世界的每一个角落都充满爱的光明吧！

见证纯洁友情的胸针

蜀南麦子

那一年，他遇见她的时候，他刚刚过完36岁生日，而她，还是一个23岁的小女孩，瘦削的身材，矜持内敛的性格。他第一眼看见她，心就有一种微微的颤动。她是那么的迷人，一双美丽的眼睛就那样安静而有点无助地望着你，长长的睫毛上面挂满了无尽的忧伤。

她让他陡生爱怜。

他们都是演员。那是他们第一次合作，分别饰演戏中的男女主角。那时，他已是好莱坞的大牌明星了，人们心中的偶像。而她，还是个名不见经传的小人物。用现在的话说，她还是第一次“触电”。因为这部戏，他们两人天天聚在一起。她在他的面前，有时候喜笑颜开，显得是那么的温顺娇小，而有时候又是那么的冰冷孤傲，拒人于千里之外，仿佛没有谁能够走进她敏感而脆弱的内心世界。在那次合作里，他忽然发觉自己已经分不清戏里戏外了。

那是一次成功而经典的合作，每一天，他都对她百般照顾，细心而充满柔情地呵护。在拍戏之余，他们常常在黄昏时分、在暮色渐合的时候，沿着附近的一条静静的小河散步。一轮明月升上来了，它含笑看着树阴里那两个并肩而行的年轻人。清澈而明净的河水，也一天又一天悄悄偷听着他们的话语，被那真挚而纯净的心声打动得发出潺潺的声响。他们走着，有时候她会伸出冰凉的手来握住他温热的手。他们是不是已经闻见了彼此的心香！这是一种爱情的香味吗？让人陶醉、甜蜜、慌乱而又怅惘。

那时候，他的第一次婚姻已走到了尽头。他多么渴望得到她的爱情啊！然而，从小受到父母离异伤害的她，对离了婚的他感到害怕，因而远远地离开了他，有情人没能成为眷属。

1954年9月，当她和丈夫结婚的时候，他千里迢迢赶来，参加了她的婚礼。其实，她的丈夫，也是他后来给介绍的，是他的好朋友。他送给她的结婚礼物是一枚蝴蝶胸针。

1993年1月20日，63岁的她在睡梦中飞走了。而他来了，他来看她最后一眼，他心中那个永远娇小迷人、眼睛里总是盛满了忧伤的女孩。

2003年4月24日，在著名的苏富比拍卖行举行了她生前衣物、首饰慈善义卖活动。那天，87岁高龄的他拄着拐杖，颤巍巍地前去买回了那枚陪伴了她近40年的胸针——那一年他送给她的蝴蝶胸针，现在，它温暖着他的胸膛。

2003年6月12日凌晨，他也闭上了眼睛。在看见天国的时候，他是否也同时看见了他的天使？

——他们第一次合作的那部电影叫《罗马假日》。她是电影史上永远让人魂牵梦绕的"公主"奥黛丽·赫本；而他，就是被誉为"世界绅士"的格里高利·派克。他们超越爱情之上的纯洁友情永远让这个世界为之唏嘘动容。他们纯洁友情的故事，对现在的一些红男绿女来说，永远是一剂可以净化心灵的良药。

友情，因为超越而变得崇高和圣洁。

友情，因为圣洁和崇高才有了分量。

［书外人语］友情可以超越爱情之上而存在。当赫本和派克相继离开人世，人们都说："上帝身边多了两个圣洁的天使。"面对这样一段纯洁的感情，我们只有钦羡和祝福。

怀念14岁的一辆自行车

| 玄圭

詹西是初一下学期到我们班上来的。他是在原来学校打架被开除后，转到我们这个乡下学校的。詹西原本就背着不光荣的过去，到我们班以后还是一副吊儿郎当的样子，成绩差、奇装异服、特立独行。

詹西有一辆黄白相间的山地车，据说还是从千里之外的家里托运过来的，有高高的坐凳，车把矮矮的。并不太高大的詹西跨在上面，他的上身几乎和大地平行，风驰电掣地骑着，像一尾受惊的鱼在密密麻麻的放学人群里麻利地穿梭。这是一个让人生畏而又常被同学私下里狠狠贬斥的家伙。

初二一开学，老师实行一帮一对策，倒数第一的詹西被分配给了第一名的我，他成了我的同桌。当詹西嚼着口香糖乒乒乓乓将书桌拖到我的旁边的时候，我突然趴在桌子上哭了，很伤心很绝望。

班主任走过来安慰我:“斯奇，你是班长，应该帮助詹西。”我还没说话，一旁的詹西却发话了:“觉得委屈把桌子搬出去！我都没说嫌弃!”哭归哭，我是班长，应该带头承担班上的艰巨任务，所以詹西最终还是我的同桌。但是我心里是暗暗发誓了的，宁愿被老师骂，我也是不会帮助詹西提高成绩的，我巴不得他剩下两年的所有考试次次都垫底。同桌三星期，“三八线”分明无比，而且我们俩从没说过一句话。

有天下午，我穿着城里的姑妈买给我的一件雪白的连衣裙，一整天都很是得意。最后一节课上了一半，从没跟我说过话的詹西突然塞给我一张纸条:“放学后我用单车载你回家。”我的心突然怦怦跳起来，14岁的女孩儿第一次收到男生纸条的心情可想而知，即使这个男生是我一向都鄙夷不屑的詹西。我不知道该怎么办，动都不敢动。他却在一旁“噗噗”地吐着泡泡糖，见我没反应又塞过来一张纸条:“我必须载你，放学后我们先在教室里坐一会儿，等人都走了我们再走。”

剩下的半节课我内心充满着极度的紧张和惶恐。我想：这个小古惑仔要胁迫我的话，我是一点儿辙都没有的。何况我靠墙坐着，詹西堵在外面，想逃脱都没有一点儿机会。

放学了，同学们作鸟兽散。詹西一反常态没有冲出去。我以为他要跟我说点儿什么，但是他兀自趴在桌子上画漫画，只是头也不抬地甩了一句:“等会儿我们再走。”他说话冷冰冰的，语速又快。我不敢不从，怕今天得罪了他明天要遭到他的毒打。要知道他曾经聚众打架连人家鼻子都砸歪了。

我们走出教室的时候，发现校园里已空无一人。詹西先在后座上垫了一张报纸，然后上前去支起车子，也不说话。意思是要我坐上去后他再骑上去。可是他的车子实在太高，我爬了四五次才爬上去。他戴上墨镜，弓着身子，也不事先要我抓好就开始疯狂地蹬车。我惶恐地问他：“詹西，你要把我带到哪里去？”他说了一个字:“家。”我的声音发抖了：“谁家啊？”他的声音提高了八度:“废话！难道我把你带到我家去？”我不再做声。车子拐出校门，詹西走的是去我家的那条路，我坐在他后面，像一个胆小的老鼠一样，连呼吸都不敢大声。

从学校到我家有一公里左右的路程，我一直害怕在路上碰到同学，但是快要到家的时候还是碰见了一个。他看到我坐在詹西的单车上就大声嚷嚷:“哈哈，詹西！哈哈，斯奇！”我正要说话，詹西怒喝:“理这些无聊的人干什么！”我便闭上嘴，可是心里很不安：同学要是认为我和詹西谈恋爱可怎么办呀！

他一直把我送到我们家院子里，我刚跳下来他转身就走，对我的“谢谢”不做半点儿回应，整个过程我都处于蒙昧和惶恐中，不知道詹西这么做是什么意思。

进屋，妈妈突然拽住我:“丫头，你来例假了啊？”我惊诧地扭过头，看见自己雪白的裙子上有一大块暗红，是还没完全凝固的血渍。妈妈在一旁数落:“这丫头来例假了也不知道。从学校到家那么远的路，不知让多少人看见了!”那是我的初潮，在14岁的那个下午猝不及防地驾临。

如果没有詹西用单车载我回家，我那被“污染”的白裙子一定会被很多同学看到，而那些男生一定会笑死我的。虽然来例假是每个女孩儿生命中的必然过程，但是在一群处于偏僻乡下的十几岁孩童的眼里，那可是值得嘲笑讥讽的很见不得人的大事情啊！何况我是一向受同学羡慕老师爱护的好学生。但是那个一向让我讨厌的詹西却用那么巧妙的方法避免了让我颜面尽失。

初三下学期，詹西回到他的城市。他走得毫无征兆，离开之后班主任才通知我们。詹西的离去可能对其他同学造不成任何影响，但是我却从那天起，常常想起并感激着他，以及他那辆温暖美丽的自行车。

[书外人语] 粗犷的外表下也许是一颗纤细的心，眼见不一定为实，关键是要用心去感知。许多人在心底深处都藏着善良的品质。

大　黄

何立华

日前看了季羡林老先生的《一条老狗》。说的是陪伴季母晚年，直到季母逝世之后，仍忠心耿耿守在破篱笆边的一条老狗的故事。我的眼前马上浮现出另一只我从没见过，但萦绕脑海难以忘却的大黄狗。它和季老家的狗有着同样赤诚、善良、伟大的心。

那是那年春节同学们聚会，听张同学讲的一件事。1969年张同学去了陕西插队，他们集体户住在村北一排简陋房子里。这里曾经是大队库房，已闲置几年了。房子前面二三十米处是队长的家。队长说，此处僻

前面好青山
舟人不肯住

子愷畫

静，养只狗吧，晚上出去也好做做伴。村里不通电赶上没有月亮，伸手不见五指，弯弯曲曲的田埂小路不好走啊。

不几天队长就送来一只小狗娃，是只毛茸茸的黄蛋蛋，刚来的时候，小狗瘦骨嶙峋，眨着大眼睛看着知青们，大伙决定把它养下来，并给它起名叫大黄。知青们吃什么就喂它吃什么，并用碎砖头、油毡片什么的为它垒了一个不错的窝，居然下雨也不漏。慢慢地，大黄竟然出落成一个英俊威猛的“大小伙子”，从此集体户不管谁晚上出去，都是大黄保驾，集体户的鸡呀鸭呀的再也没被黄鼠狼拖走过。

到1975年，知青大返城开始了，大伙儿争先恐后加入到返城行列。回城后，忙于找工作，找对象……竟一时把第二故乡忘在脑后。后来，因为一次工作调动，人事部门通知张同学插队期间的手续欠完备，为此，张同学给队长去了一封信、委托他把手续补齐，他们一共书信往来三次，后来张同学一路攀升，工作顺利。

20世纪90年代初，队长年龄大了，身体欠佳，希望来京看病，请求帮助，张同学当然责无旁贷，热情接待了当年的队长。

这时队长讲了一件让张同学痛心的事。1975年知青返城后，大黄一直住在原来的窝里，队长几次把它拉回自家，但是只要不拴，它就跑。并且每天跑一趟公社，就在张同学他们当年上汽车的地方呆上好一会儿才回来。这样每天一趟，坚持了有两三年吧。要知道，从村里到公社，足有三十里路啊。当年张同学返城是坐着马车去的公社，现在想起来，当时大黄确实是一直跟着马车跑的。张同学说，他们当年归心似箭，马车还没停稳，大家就跳下马车搬行李、上汽车，始终连看大黄一眼都没有。后来知青们住的房子破烂不堪，几处房顶墙壁倒塌，但大黄一生守着破房子，住在它的窝里，苦苦地等待它的主人，和季老家的老狗一直趴在破篱笆边一样。

又过了两年的一个冬天，大黄老得不行了，喂什么好吃的都不怎么吃了，最后，连水也喝不下了。但它每天还是朝着东方、朝着公社的方向遥望。它的眼神队长没有描述，但张同学和我仿佛已经看见了，看见了一双大大的苍老的眼睛满含着凄凉与企盼。又过了几天，队长去窝里看大黄，大黄死了，尸体已经快僵硬了，大大的眼睛依然睁着，凝视着东方、远方……队长把它拉出来准备埋在后被，突然发现在大黄身子底下压得平平的三封张同学写给队长的信，还微微有些大黄的体温。为这丢失的三封信，队长曾跟婆姨发了好大的火，怨她没收好。原来竟是让大黄偷偷衔走了。

那年，队长落泪了，张同学落泪了……

那天，张同学落泪了，我也落泪了……

张同学说，自己快退休了，退休后一定去看大黄，在它的坟头添上一抔新土，为它终生的等待深深鞠躬，为自己无奈的负心深深道歉。

我也想和张同学一起去，去看我们人类最忠实的朋友……

［书外人语］善良、忠诚——这是朋友间最珍贵的品质。

道　歉

有两个在大学是同学的男士，毕业后一起进入演艺圈，他们都很有才气，在学校的时候就显得与众不同，两人虽然彼此惺惺相惜，却也因好强而暗中较量。

两人虽然都在演艺圈，但一位选择当导演，另一位则选择当演员。

经过一段时间努力，两人都在工作岗位上表现得很出色，也各自拥有了一席之地。有一次，刚好有部电影可以让他俩合作，基于两人是要好的同学，而且心里对彼此的才能和需求都非常了解，所以爽快地答应一起合作。

这个导演对于演员一向要求严格，所以在拍戏的过程之中，虽然是自己的同学也毫不客气地加以指责。而已经是名演员的老同学也老是有自己的意见，所以片场的火药味总是很浓。

有一天，导演因为几个镜头一直拍不好，不禁怒火中烧，对着自己的老同学大发脾气，一句重话马上脱口而出："我从来没见过这么烂的演员！"

名演员一听，脸色苍白地愣住了。他走到休息室，不肯出来继续拍戏。

经过众人的劝说，导演摸着鼻子走到休息室，对老同学说："你知道，人在生气时，难免会口不择言，可是冷静下来想了想……"

名演员一听，对方是来道歉的，不禁头抬得高高的。

导演一见他那副模样，竟然支支吾吾讲不出后面的话来，过了半天才突然说"我……我想了想……还是觉得你是个很烂的演员！"

此话一出，后果可想而知了，名演员退出这部电影，两人从此绝交。

两人在演艺圈奋斗一生，年华渐渐老去。直到名演员患了重病，临死前要求见导演一面。

导演听了急忙赶到医院，在名演员咽下最后一口气前，才泪流满面地对他说："我发誓，你是我这辈子所见过最好的演员！"

名演员注视着老同学，含笑而逝。两人多年的心结，虽然终于冰释，只可惜稍嫌晚了一些。

[书外人语] 与其多年以后再相逢一笑泯恩仇，不如在开始时就多一份谅解和包容。

守　信

这是两个真实的故事。

巴黎公社起义失败后，一位16岁的少年要被处死，由一名军官和12名枪手执行。这个少年临被枪决时，对监刑官说，我母亲在附近，她很穷，我这里有一块金表，能不能让我先把金表送给她，再回来受死。这位监刑官正好也有一个年少的儿子，他答应了少年的请求，心想，一个毛孩子，放了就放了吧。望着少年远去的背影，所有的人都坚信，他肯定一去不复返了。谁知，一刻钟后少年回来了，他对军官说，谢谢你，先生，表送到了，现在可以了，来吧。整个杀人刑场一片死寂，军官愣了很久，才缓缓地艰难地抬起手臂，跟着，12支步枪颤抖地举起来……

解放前夕，一位大地主姨太太逃往台湾前，将一小檀木匣悄悄托女佣保管。女佣说："你放心，只要我在，木匣就在！"解放后，女佣成了家。她男人无意中发现了珍藏的小檀木匣，疑心里面藏着珠宝，硬要打开。女佣说："我答应过人家，你要动它，我就上吊。"自然灾害那些年，女佣夫妇和两个女儿也饿得奄奄一息，男人又打起木匣的主意，却再次被女佣斩钉截铁地拒绝。"文革"期间，女佣患了癌症，没钱住院。男人提议将木匣打开，兴许能发现值钱的东西来救她一命，可还是被女佣断然回绝了。数十载后，白发苍苍的姨太太回乡来，鳏居多年的女佣的男人郑重地将小檀木匣原封不动地交还了她。木匣终于打开，匣内却只有一大摞信笺，以及几件不值钱的、姨太太旧时相好的信物——贝壳手链、雨花石、木雕饰物、竹笛……

[书外人语] 人的美德的荣誉比他财富的名誉不知要大多少倍。古今多少帝王公侯都没有在我们的记忆中留下一丝痕迹，却有一些人在钱财上一贫如洗，在美德上却是富豪。

德国孩子的“爱情”

｜孙绍振

不久以前，在德国，我在一个留学生朋友家里做客，他们家的女孩子一面在室内玩着溜冰鞋，一面闹着要转学。原因是，这个才9岁的女孩子，到一家德国小学里读书，第一个黄皮肤、黑头发的女孩子的出现，在班上引起了不小的轰动。不到一个学期，居然有一个德国男孩子宣称他爱上了她。

这在德国学校里是常见的事，可在这个中国小女孩身上，她的反应不是像西方小女孩子那样得意，而是十分愤怒。而那德国男孩却坦然地找尽一切机会来对她表示亲密。有一天，小女孩生病了，请了假没有去上学。德国小男孩居然在班上大哭起来，说是没有这个中国女孩子，他就不能继续上课，他要回家。老师既没有批评他，也没有阻挡他。到了家，他哭着对母亲说，他要和一个中国女孩子结婚。

发生了这样可笑的事，在中国，家长就是不引以为羞，也要引起深深的忧虑的。我问中国小女孩的父母，那德国孩子的家长如何反应？

朋友告诉我:“那孩子的母亲说，那很好啊。但是结婚要有礼服、婚纱、戒指。还要有自己的房子、花园，这要花很多很多的钱。可是你现在什么也没有，连玩具都是妈妈给你买的。你要和这位可爱的中国女孩子结婚，从现在起，就得努力学习，将来才有希望得到这一切。”

那时男孩子居然擦干了眼泪，从此就十分用功起来。

当时朋友的女儿就在旁边，她一直很紧张地阻止着父母亲讲述这个故事。但是故事太有趣了，父母亲还是快速地讲完了。我非常有兴致地问小女孩对这个德国小男孩有什么感觉？她把嘴一撇，说:“神经病!”我并不觉得非常扫兴，接着问她:“那男孩子的母亲呢，她不是很开明吗？她更加不屑一顾地说:“更是个神经病!”

[书外人语] 喜欢一些美好的事物，本是人之常情。更何况是小孩子们的“过家家”，大人又何必当真恐慌呢?德国母亲的做法值得我们深思。

友谊不上锁

| 马国福

我和军是从小一起玩泥巴长大的朋友。大学毕业后两个人在同一城市里工作。军经常来我家玩，我把门上的钥匙给了他一把，我的家几乎成了军的家，军对我家的情况了如指掌。我有了女朋友之后军还是我家的常客。有一天女朋友那枚金戒指丢了，那是我们的订婚戒指，翻遍了整个屋子都没有找到。我问军是否见到了那枚戒指，军说没有，还帮我们找了半天。军走后女友怀疑是军所为，我说军不是那种人，女友说这段时间除了军再也没有外人来过。一星期过去了，戒指仍不见踪影。女友要求换锁，我不同意。她说我眼里只有军，没有她，便提出分手。

我只得换锁，换锁时军来找我，我很不好意思，军主动把钥匙交给了我，他说:“为难你了。”听了军的话我羞愧难当，便拿起锤子砸新锁，被军劝住了，他说:“完全没有必要砸，换就换吧，只要友谊不上锁。”我们会心地笑了。后来，有一次梳妆台下的水池堵塞，修理时我在水池管道中找到了那枚戒指，我想戒指是女友洗脸时不慎掉入池中的。我顿时明白，军对我的信任要远远高于一枚戒指，在友谊面前，一枚戒指算得了什么？

前年我借钱开了一家酒店，刚开业那段时间生意很冷清，几乎要关门。但我发现每天晚上总要有个人来买几瓶很昂贵的酒，买完酒从来不在店里喝，提上就走。我问是何故，他说酒不是他买的，而是站在门口的那个人叫他买的，夜幕中我看清了站在门外的那个人的模样，是军！当时我感动得热泪盈眶，我冲出门外和军紧紧地抱在了一起……

朋友不是在你成功时送你鲜花的那个人，而是垫在你脚下让你不断攀登的一块基石；朋友不是雨天你打的那把伞，而是将你头顶上的雨分成两半的人；朋友不是门上那把只许自己进出的锁，而是给你更多阳光空气的窗。

[书外人语] 友谊的基础是信任，防备和猜测都是对友谊的致命伤害。

暖心的故事

| 张丽钧

上一个最喜欢的BBS论坛，读到名叫“真心小骗子”的网友的一个帖子，感动莫名。回到家，我居然从父亲那里讨要了一杯白酒，一饮而尽。父亲说:“心情不赖呀？”我说:“是啊，因为我看了一个好看的帖子。”

那帖子是这样的：

那天我在阅览室随意翻着杂志，见一个人径直走进来，被管理员叫住:“登记名字和卡号！”那人停住，有点不知所措:“我没有卡号。”“是这学校的吗?”管理员没有抬头，只是继续着手上的活。“不是。”“哪儿的？”“工地上的。”管理员顿了一下，抬起头，看着这个陌生的来客，问道:“哪儿的工地？”“就是……学校操场后面的那个。”低沉的声音有些不自信。沉默了3秒钟……等待中，听到管理员缓缓地，却是很肯定地说:“进去看吧。”

首先，我将自己想成了那个唐突地闯进学校阅览室的农民工——“我”每天拼死干活，臭汗是我永难更改的名片。我走在知识的圣殿里，却没有足够的勇气与那些“天之骄子”们对视。我渴望坐在阅览室里与那些同龄人为伍，畅饮知识的乳汁，但是，我难以迈出这至关重要的一步。我没有学生证，也没有“卡号”，我所有的，是一颗渴求知识的心。我来了，却长久地在阅览室的门口徘徊。带着被拒绝的惶恐，我终于走进了那道门……“进去看吧！”多么简单的四个字啊，却让我感动得几欲落泪……

然后，我将自己想成了那个打破了规则的阅览室管理员——每天，“我”只认卡号不认人，多少没有卡号的男生女生被我无情地拒之门外。我尽职地看守着我的那些书和杂志，只让应该享用它们的人来享用。但是，当我看到一个衣衫褴褛的农民工出现在阅览室门口，当他嗫嚅地说自己没有卡号时，我的心登时就被揪紧了。我看到他们每天辛苦地劳作，开饭的时候，就蹲在工地上，用筷子串起三四个馒头，吃着缺油少盐的素菜，不用说，他们的身体是缺乏营养的，那么，他们的心灵呢？当这个农民工畏畏缩缩地来到阅览室，想给自己贫乏的心灵补给一点营养时，我又怎能忍心拒绝？

接着，我将自己想成了这个暖心故事的原创者，继而又将自己想成了这个暖心故事的转贴者。我感动在自己的感动中，不能自拔。我知道，其实，我只是这个故事一个多情的阅读者。还是那个“真心小骗子”说得好，他说：“人呢，只有三样东西是真正属于自己的：自己的死亡，自己的痛苦，自己的瞬间——瞬间的感动，瞬间的快感……”是啊，瞬间的感动与阅读的快感是这样真切地包围着我，让我比饮酒更沉醉。

所以，请允许我说——我爱那个在艰难的生活夹缝中渴求知识的农民工，我爱那个在沉默了3秒钟之后就做出了正确决定的管理员，我爱所有爱上这个暖心故事的多情人……

[书外人语] 有一句话叫做法律面前，人人平等，其实知识面前，何尝不是人人平等呢。任何人都没有权力剥夺别人对知识的渴求。

致命的友谊

一个人在山路上捡到一只幼小的狮子，便抱回家喂养。他把狮子照顾得无微不至，给它喂以精美的食物，给它梳毛，给它洗澡。狮子对他也亲密无间，扒他的肩膀，舔他的手脚，陪他散步，和他戏耍。狮子在他的怀中渐渐长大，长成一只威猛的雄狮，也温顺得如一条家狗。

有一天他忽发奇想：骑着狮子旅游。于是他骑上了狮子，踏上了旅程。一路上狮子很听话，平稳地驮着他。所到之处人们对他夹道喝彩，他更神气了。

路上有人问他："狮子不会吃你吗？"

他说："那怎么可能呢！"

路上有条狗问狮子："你怎么不吃他？"

狮子说："那怎么可能呢！"

一天他们要穿过一片沙漠，路上遇到了风沙，水和食物都被卷走了。他在痛心之时还去安慰狮子："朋友忍着点，等过了沙漠，我让你饱吃一顿。"并跳下来步行。一天过去了，狮子饿得围着他打转；两天过去了，狮子饿得舔他的手脚；三天过去了，狮子对他进行轻轻地撕咬；四天过去了，狮子向他龇起了牙齿；第五天，饥饿的狮子向他瞪起了血红的眼睛，在他正要上前抚摸它时，狮子奋力一纵将他扑倒，瞬间把他撕成碎片。至死他都不明白，狮子怎么会吃了自己呢？

[书外人语] 温室里的友谊，怎能经得起暴风雨的考验？

一个半朋友

邓　皓

我爷爷给我讲过一个这样的故事：

从前有一个仗义的广交天下豪杰的武夫。他临终前对他儿子说：“别看我自小在江湖闯荡，结交的人如过江之鲫，其实我这一生就交了一个半朋友。”

儿子纳闷不已。他的父亲就贴近他的耳朵交代一番，然后对他说：“你按我说的去见见我的这一个半朋友，朋友的要义你自然就全懂得。”

儿子先去了他父亲认定的“一个朋友”那里。对他说:“我是某某的儿子，现在正被朝廷追杀，情急之下投身你处，希望予以搭救!”这人一听，容不得思索，赶忙叫来自己的儿子，喝令儿子速速将衣服换下，穿在了眼前这个并不相识的“朝廷要犯”身上，而让自己的儿子穿上了“朝廷要犯”的衣服。

儿子明白了：在你生死攸关的时刻，那个能与你肝胆相照，甚至不惜割舍自己的亲生骨肉来搭救你的人，可以称做你的一个朋友。

儿子又去了他父亲说的“半个朋友”那里，抱拳相求把同样的话诉说了一遍。这“半个朋友”听了，对眼前这个求救的“朝廷要犯”说：“孩子，这等大事我可救不了你，我这里给你足够的盘缠，你远走高飞快快逃命，我保证不会告发你……”

儿子明白了：在你患难的时刻，那个能够明哲保身、不落井下石加害你的人，可称做你的半个朋友。

那个父亲的临终告诫，不仅仅让他的儿子，也让我们懂得了一个交友的道理：你可以广交朋友，也不妨对朋友用心善待，但绝不可以苛求朋友给你同样回报。善待朋友是一件纯粹的快乐的事，其意义也常在此。如果苛求回报，快乐就大打折扣，而且失望也同时隐伏。毕竟，你待他人好与他人待你好是两码事，就像给予与被给予是两码事一样。你的善只能感染或者淡化别人的恶，但不要奢望根治。当然，偶尔你也会遇上像你一样善待你的人，你该庆幸那是你的福气，但绝不要认定这是一个常理。

因为人生只有一个半朋友。

[书外人语] 朋友是可以分出很多类型和层次的：有的是一块吃喝玩乐，有的是一块工作做事，有的是有共同的志向和趣味，有的则可肝胆相照性命相托。交友的原则可概括为：一则我们善待他人而不求回报；二则我们心里有数，知道对方到底是哪一类的朋友。

西方的大盗与东方的好汉

| 肖 剑

某次，听著名经济学家林毅夫教授讲课，是关于文化与经济发展关系一类的内容。很多严肃的论断都记不清了，独有一个小故事让人震撼不已。

大约是20世纪初吧，在美国东部某城市有两个情同手足的年轻人，两人穷困潦倒，一筹莫展。这一天，两人用身上最后的钱在一家酒吧痛饮了一番，洒泪而别，分头去闯天下，发誓要混出个人样。同时他们也约定：无论如何，20年后的此时此刻，他们重新回到这个酒吧相聚。只要双方还在人世，就一定要赶回来，对酒当歌，重话20年的沧桑。

光阴似箭，20年的时间很快就过去了，当年的约会之期到了。两兄弟中的一位悄然从遥远的西部赶回了这个城市，如约坐在这个酒吧中，坐在当年的那张桌子旁。

酒吧的生意似乎仍然不好，客人不多，略带伤感的音乐缓缓地流淌着。这位当年的两兄弟之一静静地把玩着手中的一杯酒，静静地等候着那一时刻——晚8时的到来。

临近8时，进来一位西装革履的男子，依稀便是当年的兄弟。但在昏暗的灯光下，他却在不远处止步，转了两圈，踱了出去。

时针终于指向8时正，门外匆匆进来的却是一位小伙子，他径直走到赴约的男子面前，问道：您是×先生吗?您是来赴一个20年的约会吗?

在得到肯定的回答后，年轻人掏出了警官证：对不起，您被捕了。是您的朋友，也就是我们的上司让我们来抓您的，他刚才来过了，认出了您。您是他的朋友，也正是全国通缉的西部大盗。

大盗平静地伸出双手。他冒着巨大的风险来赴一个20年前订下的友情之约，却被朋友送进了监狱。

林毅夫教授说，这是一个发生在美国的真实故事。当年他听到这个故事时，第一反应便是想到了我国四大名著之一的《水浒》，想到一百零八位好汉之首的及时雨宋江。

宋江是个很奇怪的人物，他文不能安邦，武不能定国，然而却在江湖上有偌大的名声，被推举为好汉之首，为什么?很重要的一条原因便是这位押司利用职权之便，屡屡为“大盗”们通风报信或提供别的掩护和资助。

当然了，西方的那个故事多半有演绎的色彩，宋江本就是个文学人物，东方的“大盗”也可说是官逼民反、劫富济贫的好汉。但无论如何，总会让人思索到其中的些许差异：一个是“法”字当头，“情”在其后；一个是“情(义)”字当先，遑论其他。

[书外人语] 法律与情义，二者难以兼顾时，我们会做出什么样的选择呢？

心的楼层

人的心灵有许多不同的空间，具体一点说像是不同的楼层。

一楼：店面朋友，通常几句固定的话就够用了，例如：你好吗？吃饭没？去哪里……每个人看起来都很安定、平稳、满足。

二楼：客厅朋友，可以在一起喝茶，“八卦”一下政治经济、新的商机、最近的媒体新闻……大家一起打发时间，可以绕过每一个人内心的孤独，然后觉得自己好幸福。

三楼：厨房朋友，就是可以剖腹谈心的那一种，然后觉得自己充分被对方所了解，人生一点也不寂寞。

四楼：卧室朋友，是可以亲密、触摸的朋友。

顶楼阳台：缘分朋友，一般是空在那里，没有被设定要怎么样，有时飞来一只鸟，有时吹来一根草，有时落下几颗种子，你不知道它在什么时候会开什么花，当然没有期望要结果实。也许一阵雨来滋润了心灵，也许刮起风吹乱了寸心。这个屋顶看起来也许是空空的，但是你知道它不是空的，它装满了“曾经”。

我习惯用一秒钟穿过店面，两秒钟经过客厅，三分钟停在厨房一下，四小时在卧室里睡一觉，花五天时间在屋顶等待，等待老天爷给我生命中带来的惊奇和美。而常常一点点小小的感动，会使我觉得好像可以拥有这整栋楼的朋友和心情。

[书外人语] 不管是那一层的朋友，都能给我们的生活带来不同的惊喜和美丽，所以一定好好地珍惜他们。

乔丹的眼泪

| 明飞龙

多年前的一场NBA决赛中，NBA中的另一位新秀皮彭独得33分超过乔丹3分，而成为公牛队比赛得分首次超过乔丹的球员。比赛结束后，乔丹与皮彭紧紧拥抱着，两人泪光闪闪。

这里有一个乔丹和皮彭之间鲜为人知的故事。当年乔丹在公牛队时，皮彭是公牛队最有希望超越乔丹的新秀，他时常流露出一种对乔丹不屑一顾的神情，还经常说乔丹某方面不如自己，自己一定会把乔丹推倒一类的话等。但乔丹没有把皮彭当做潜在的威胁而排挤，反而对皮彭处处加以鼓励。

有一次乔丹对皮彭说:“我俩的三分球谁投得好？”皮彭有点心不在焉地回答:“你明知故问什么，当然是你。”因为那时乔丹的三分球成功率是28.6%，而皮彭是26.4%。但乔丹微笑着纠正:“不，是你！你投三分球的动作规范、自然，很有天赋，以后一定会投得更好，而我报三分球还有很多弱点。”并且还对他说，“我扣篮多用右手，习惯地用左手帮一下，而你，左右都行。”这一细节连皮彭自己都不知道。他深深地为乔丹的无私所感动。

从那以后，皮彭和乔丹成了最好的朋友，皮彭也成了公牛队17场比赛得分首次超过乔丹的球员。而乔丹这种无私的品质则为公牛队注入了难以击破的凝聚力，从而使公牛队创造了一个又一个的神话。乔丹不仅以球艺，更以他那坦然无私的广阔胸襟赢得了所有人的拥护和尊重，包括他的对手。

我常常想起乔丹的流泪，它让我在错综复杂的人际关系中有了一种美好的念想和感动。

[书外人语] 乔丹之所以被称为“篮球之神”，并不只只是因为他的球技。

胡适“悼”钱玄同

| 宋聚轩

著名的文字音韵学家钱玄同，在“五四”时期曾积极投身于新文化运动。为了表示对封建遗老的憎恶，他曾经说过一些过激的话，如“人到40岁就该死，不死也该枪毙”之类。

1927年9月12日，钱玄同40岁生日时，胡适就根据钱玄同的这句话，纠集周作人等一些文人，要在《语丝》上编一期“钱玄同先生成仁专号”，他们煞有介事地写讣告、撰挽联、赋悼诗，闹得满城风雨。由于种种原因，这期专号没有编成。但是胡适仍然于心不甘，在1928年又作了一首《亡友钱玄同先生成仁周年纪念歌》，据章衣萍《枕上随笔》中记载，全诗如下：

该死的钱玄同，怎会至今未死！一生专杀古人，去年轮着自己。可惜刀子不快，又嫌投水可耻，这样那样迟疑，过了九月十二，可惜我不在场，不曾来监斩你。今年忽然来信，要做“成仁纪念”，这个倒也不难，请先读《封神传》。回家先挖一坑，好好睡在里面，用草盖在身上，脚前点灯一盏，草上再撒把米，瞒得阎王鬼判，瞒得四方学者，哀悼成仁大典。今年九月十二，到处念经拜忏，度你早早升天，免在地狱捣乱。

诗歌写得通俗而又幽默，真不愧是早期白话诗的大师。

［书外人语］不知道钱先生看到这篇《纪念歌》，当时会是什么表情，料来也必有妙法应之。文人趣事，让人在捧腹之余，也由衷地感叹其智慧的火花。

重拾友谊

一名男子娶了一位弟弟是盲人的女子。有一天，他和小舅子一起打猎，这名男子对于失明小舅子灵敏的听觉和嗅觉感到非常惊奇，他能闻到何处有鸟、流水，听到从远处接近的一群疣猪。当天稍晚，他们设下两个陷阱，那个人小心地用树枝和树叶伪装他自己的陷阱，却让小舅子的陷阱暴露在外，他想“反正他也看不到”。

隔天他们回去察看陷阱，他看到自己的陷阱中有一只小棕鸟，小舅子的陷阱中则是一只有着能让他妻子惊叹的彩虹羽翼的鸟。

当他打开陷阱时，他把两只鸟交换，将那只小棕鸟交给他的小舅子，失明的男子轻触那只鸟，小心地将它放进自己的袋子里。稍后，他们在回家的路上讨论邻居和已婚男子之间的某个争论，感动于他的小舅子所表现出的智慧，男子问:“人们为什么会争吵？”盲人回答:“因为他们做了你刚才对我做的事。”

男子感到羞愧，他从袋中取出彩色的鸟还给他的小舅子。“我很抱歉，兄弟。”他们无声地走了一会儿。“人们要如何重拾友谊？”那个人又问道。他的小舅子笑着说：“只要他们做了你刚才对我做的事。”

［书外人语］很多时候，重拾友谊只需要一点行动，一声道歉，可很多人却做不到。

“需要资金吗，今天？”

我是一个特别喜欢浪漫的人，所以手机里少不了存着许多风花雪月的短信。但我存得最久、直到现在都舍不得删的一条短信却与风花雪月完全无关，那是一句如果不明前因后果甚至会让人觉得莫名其妙的话：“需要资金吗，今天？我去给你送钱，三千够吗？”

发送短信的日期是2003年4月15日。离现在，已是一年多了。

2003年1月，我得了一场重病，停掉手里一切工作，做手术，住院。世人都羡慕白领时尚自由的生活，只有身在其中，才知什么叫“手停口停”。那时我才换了工作不久，又刚交了半年的房租，住院押金加治疗所花杂费，几乎立时捉襟见肘。我又骄傲惯了，从不在朋友们面前诉苦，自以为也没人看得出来。

就在用钱最紧张的时候，一个平时交往很好的朋友来看我，“缺钱不？”我只当他是普通的客气，所以很随意地答：“还好啦。”他又叮嘱说：“如果真缺钱就告诉我啊！”

我笑着点头，却并没有认真地去记着他的话。

过了几天，忽然收到他发来的短信：“需要资金吗，今天？我去给你送钱，三千够吗？”心里没来由地一震，眼泪都快出来了。他是认真的啊！认认真真的，实实在在的，想要帮助我。他知道我不会主动开口，所以特别再发短信来问——所谓患难之交，这就是了吧？

住院期间，时时收到朋发们的短信，多是殷勤问候、祝愿早日康复。知道自己并没有被人遗忘，心里也是觉得温馨的，但无论如何都不如那条短信，让我感动至今。

一年能有多少天？在这个以短信说话的时代，365天可以收过多少条短信？可是这条短信一直安安静静地躺在我的手机里，我无数次地去翻看，甚至不去翻看也可以把它的每一个标点倒背如流，却始终舍不得删除它。

那么一种患难情谊，是这辈子也删除不了的吧？

[书外人语] 患难情谊，最是让人难忘，因为它往往是发自内心地、最诚挚地情谊。

朋友：结伴而行的鱼

我和张君是高中同学，大学毕业后，他分到银行，而我则进了检察院。

我们是很要好的朋友。

要好的朋友是不在乎谁付出多少的。那时候，我们相互帮助，相互鼓励，在一个陌生城市里快乐地生活着。后来，我们都结婚了，更巧的是，我们的爱人都是白衣天使。他打趣说，你和我的心是相连的，不成朋友都难。

要不是他一时的冲动，这种友情会持续下去，我想一定会天荒地老。

他为了买处上等的房子，挪用公款8万元……

反贪局调查他的时候，他说的第一句就是，我的朋友在检察院。这个朋友就是我，可我无能为力。法律对于朋友是无情的。

他的爱人多次找到我。看她那痛哭流涕的样子，我很伤心，毕竟他们结婚还不到三年，刚有了个小男孩。我只好反复做她的工作。最后她说，这是我们第一次求你，你给个明白话儿吧。我坚决地说，这事我帮不上忙。她擦干眼泪，冷冷地说，朋友有什么用！那语调里是对“朋友”这字眼的绝望。那以后，她没来过我们家。

我偶尔去监狱看他，他拒绝了我的探视。他只是传话说，朋友有什么用。

我希望通过时间来填补法律的无情。每年的节日，我都会和爱人去探监，去看望他的爱人，尽管要遭受冷落。终于有一天，他无奈地说，算了，朋友本来就没有什么用的。其实，我从骨子里了解他，在他内心深处是不愿失去我这个朋友的，正像我不愿失去他一样。

等他出狱那天，我和爱人都去接他。他的爱人一路上都在偷偷流泪。我说，上我家吧。他没有拒绝，也没有答应，随我上了回家的的士。那天，他喝得大醉。他问我，朋友有什么用呢？我笑着说，没有什么用，朋友本来就是没用的。他说，我不怨你。我笑了，笑里面掺杂着泪水。

不久，他和他的爱人离开了这个本来就陌生的城市，去了另一个陌生的城市。我们很少再见面，偶尔有书信往来，都是些客套的话。他说，他和爱人都找到了一份还算可以的工作，孩子上了一所不错的小学，我们不必牵挂。那以后，我们彼此为了各自的工作不停地忙碌着，但那份情感是无法忘却的，有时候反而更浓。

前年，我生日那天，他寄来一封信，祝我生日快乐。信中夹着一朵风干了的牵牛花。他在信中说，你还记得吗？在校外的田野里，我们常常去摘牵牛花的，它象征平淡无奇的感情，早上花开，很快就凋谢了，可我们的友情虽然平淡可是无法凋谢。我和妻子在烛光中读着这封信，泪流满面。

去年的国庆节，我们相约去爬泰山。在一个偌大的水库前驻足。那清澈的水里，一条条自由自在的鱼结伴而游。我们相视一笑，我们多像那一条条游着的鱼，只要能够结伴就行了，这也许就是朋友的要义了。

[书外人语] 结伴而行，尽管这期间可能有误会、有矛盾、有伤害……，但在天长地久的友谊中，一切都会得到化解。

◉ 第九辑

【最大努力】

一辈子打工的“病因”

| 汤馨敏

最近去广州出差，抽空去了一趟白云区的石井镇，去了我10年前打工的鞋厂，想打听一些旧日工友的情况。由于与这些工友早已断了联系，去之前我并没抱多大希望，以为再也见不到他们了。可谁知，当我走进那家鞋厂时，竟意外地发现当年的好多工友还留在这家工厂！10年过去了，连一场旷日持久的抗日战争都早已可以结束了，可他们的生活却没有什么变化，只是从一条流水线挪到了另一条流水线，只是比当年涨了200元工资！

那天晚上，我跟一位姐妹挤睡在一张小床上，问她为什么会这样。她说，其实她对现在的生活也很不满意，在这10年里，她曾无数次想过要离开这家工厂，并且也有过几次机会——1996年，同学邀请她合资到深圳去开湘菜馆；1998年，老乡游说她到内地开鞋店；2000年，同屋的姐妹们邀她一起辞职去学电脑……但由于害怕承担风险，由于舍不下这份几百元的薪水，她都放弃了。

如今，那位开湘菜馆的同学有了好几家连锁店；开鞋店的老乡在内地买了车和房；辞职去学电脑的姐妹找到了更好的工作，摇身一变成了月薪5000元的白领。只有她，还在原来的工厂里过着原来的生活。

在生活岔道口，她选择了安稳，选择了熟悉的环境、几百元的月薪和不用脑子就能完成的工作，从而放弃了N个成为老板的机会，放弃了使人生更丰富，使自己更出色的机会！很多聪明人，就是这样，把自己一点一点地推向了平庸。很多人，因为过于看重已经拥有的芝麻，忽视或放弃了可能拥有的西瓜；很多人，把双脚送到了沿海，却把双眼留在了内地……这就是很多人一辈子都摆脱不了打工命运的“病因”！

于是，在这个万物复苏的春天，在每一棵树木都拼了命向上长的春天，我写下这位姐妹的故事，希望它能刺激每一颗懈怠的心。时代在轰轰烈烈地向前，世界不会停下来等你，除了跟上它的脚步，我们别无选择。

你可以在一个城市生活10年，但，千万不要把自己留在原地！不要把自己留在原来的位置！

[书外人语] 选择了安稳，也就是选择了懈怠和止步不前——既然你不前进，那就只好留在原地看着别人前进了。

你尽最大努力了吗

| 周洪涛

生活中，经常听到一些人叹息："我觉得这件事已经做了努力，可就是……"好像做任何事情都是轻而易举的事，只要稍费一点劲，成功就应该属于他似的。诚然，努力是做好事情的前提，但努力也有个程度问题。许多时候，你不作最大努力就不能获得成功。有时，你尽管作出最大努力，也不一定成功，但毕竟"尽志无悔"，总比没有尽力以后再后悔要强得多！请问，你尽自己最大努力了吗？

1946年，年轻的吉米·卡特从海军学院毕业后，遇到了当时的海军上将里·科费将军。将军让他随便说几件自认为比较得意的事情。于是，踌躇满志的吉米·卡特得意洋洋地谈起了自己在海军学院毕业时的成绩："在全校820名毕业生中，我名列第58名。"他满以为将军听了会夸奖他，孰料，里·科费将军不但没有，反而问道："你为什么不是第一名？你尽自己最大努力了吗？"这句话使吉米·卡特惊愕不已，很长时间答不上话来。但他却牢牢地记住了将军这句话，并将它作为座右铭，时时激励和告诫自己要不断进取，永不自满和松懈，尽最大努力做好每一件事情。最后，他以自己坚忍不拔的毅力和永远进取的精神登上权力顶峰，他成为美国第39任总统！卸任后，吉米•卡特在撰写自己的回忆录时，曾将这句话作为标题《你尽最大努力了吗》。

吉米•卡特的故事，或许给我们一些有益的启迪。其实，细想一下，“你尽最大努力了吗”这句话确实不无道理。俗话说得好，“天不负人”，你付出多少，便会得到多少。因此，不要埋怨生活，不要哀叹命运，你尽了最大努力，生活就会给你最丰厚的回报！请问，你尽自己最大努力了吗？

[**书外人语**] 无论做任何事，只要你尽了最大的努力，即使最终的结果不尽如人意，但总不会有遗憾和抱怨。

花三分钟感谢

| 流 沙

一家日资公司的公关部招聘一位职员，最后只剩下了五个人。公司通知这五个人，聘用谁得由日方经理层会议讨论通过才能决定。

几天后，其中一位的电子邮箱里收到一封信，信是公司人事部发来的，内容是：“经过公司研究决定，你落聘了，但是我们欣赏你的学识、气质，因为名额所限，实是割爱之举。公司以后若有招聘名额，必会优先通知你。你所提交的材料录入电脑存档后，不日将邮寄返还于你。另外，为感谢你对本公司的信任，还随信寄去本公司产品的优惠券一份。祝你开心。”

她在收到电子邮件的一刻，知道自己落聘了，十分伤心。但又为外资公司的诚意所感动。便顺手花了三分钟时间用电子邮件给那家公司发了一封简短的感谢信。

但两个星期后，她收到那家日资公司的电话，说经过日方经理层会议讨论，她已被正式录用为该公司职员。

后来，她才明白这是公司最后的一道考题。她能胜出，只不过因为多花了三分钟时间去感谢。

[书外人语] 礼貌是修养的表现，也是最聪明的投资——几乎没有什么成本，而收益却难以估量。

跑出自己的速度

| 纪广洋

这是一次别开生面的短跑比赛：在本来很平坦的操场的地面上，每隔1~2米扯上一根长长的绳索，整个赛区就像一页横格纸，参赛者将被蒙上双眼从上面跑过去，而又不能踩到绳索(若踩到了绳索就自动放弃比赛)。

正式比赛之前，所有的参赛者都被召集到操场上。让他(她)们参观、熟悉一下“地形”，也可以预习式地在上面跑一跑，找找感觉，以便记住绳索的位置，做到心中有数。

然后，所有的参赛者就被领进一间屋里，全部蒙上双眼。

发令枪响过，正式比赛开始。

绝大多数的参赛者都是小心翼翼地跑动着，唯恐踩着绳索被淘汰。只有一位小伙子，不顾一切地飞快地跑向终点。结果，他成了第一名，夺得了冠军。原来，在所有的参赛者被领进屋、蒙上双眼后，那些绳索就已经被全部撤除，路面上没有一处障碍。

其他的参赛者尽管都未被淘汰，但却成了短跑比赛的“创纪录”者，所用时间之长无法想象。

当培训师问那个小伙子，他当时是怎么想的。小伙子爽快地回答：“就算犯规、被淘汰，甚至摔倒、栽跟头，也得跑出自己的速度……”结果，他又获得了最佳心态奖。

在日常工作和生活中，人们所遇到的最大妨碍，往往不是所处的环境和外在的条件，而是自身过多的“经验”和“常识”，并由此而产生的种种顾虑、猜忌。于是过分谨小慎微地行动，把自己的内心完全地牵绊住，从而造成了一种怯弱、畏惧和猜疑的习性。

只有认清和克服了这种经验性、假设性的“妨碍心理”，我们才有可能专注高效地工作、轻松愉快地生活。

[书外人语] 所谓的“经验”和“常识”并不完全是有益的，有时它会成为前进的最大障碍。这时你就需要记住这样一句话：成功需要三步，第一步是勇往直前，第二步是勇往直前，第三步还是勇往直前！

如果你是对的，你的世界就是对的

| 凡 锁

一个青年，大学毕业后去了深圳，想要靠自己打工闯出一番事业来。但很不幸，一下火车，他的钱包就被偷去了，身份证明和所有的钱都没有了。在受冻挨饿了两天后，他决定开始拣垃圾——虽然饱受白眼，但至少能够解决吃饭的问题。

一天，他正在低头拣拾垃圾，忽然觉得背后有人注视着自己。他回过头去，发现有个中年人站在他的背后。中年人拿出了一张名片，“这是一个正在招聘的公司，你可以去试试。”

那是一个很热闹的场面——五六十个人，同在一个大厅里，等着小姐叫号。其中很多人都是西装革履的，他有点儿自惭形秽，想退下来，但最终还是等在了那里。

当他一递上名片，小姐就伸出手来:“恭喜你，你已经被录取了。”见他不解，又补充了一句，“这是我们总经理的名片，他曾经吩咐过，有个青年会拿着这张名片来应聘的。他只要来了，就成为我们公司的一员！欢迎你！”

就这样，没有经过任何面试，他进入了这家公司。后来，由于个人努力，他还成为了副总经理——仅次于总经理，即递给他名片的那个中年人。

“你为什么会选择我？”在闲聊时，他都会问总经理同样的一个问题。“因为我会看相，知道你是栋梁之材。”每次，总经理都是神秘兮兮地说。

又过了两三年，公司业务越做越大，总经理要去新城市进行新投资。临走时，将这个城市的所有业务部委托给了他——这是意料之中的事，亦是众望所归。

送行那天，他和总经理在候机贵宾室里面对面坐着。“我知道，你肯定一直都很想知道，我为什么会选择一个拣拾垃圾的年轻人，让他成为我的职员，最后还接受了我的经理宝座。”总经理淡淡一笑，说起了往事，“那是因为你自己很优秀！那次很偶然地我看见了你在拣拾垃圾，然后我刻意观察了你很久——知道吗？你让我震惊——你是我看到的每次都把有用的东西拣抬出来后，还会将剩下的垃圾再归理好放回垃圾箱的唯一一人。”

“当时我就在想，如果一个人在这样的不利环境下，还能够注意到这种细节，那么，无论他是什么样学历，什么样背景，我都应该给他一个机会。而且，连这种小事都可以做到一丝不苟的人，不可能不会成功——如果你是对的，你的世界就是对的！”

[书外人语] 拥有积极的心态和优秀的品质，世界总会给你一个证明自己的机会。

风暴之夜你能否安眠

刘俊成 编译

从前有一位农场主，在大西洋岸边耕种一块土地。他总是不断地张贴雇用人手的广告，可还是很少有人愿意到他的农场工作，因为大西洋上的风暴总是摧毁沿岸的建筑和庄稼。直到有一天，一个又矮又瘦的中年男人找到农场主应聘。

“你会是一个好帮手吗？”农场主问他。“这么说吧，即使是飓风来了，我都可以睡着。”应征者得意地回答。

虽然这听上去有点狂妄，农场主心里也有点怀疑，但是农场主还是雇用了这个人，因为他太需要人手了。

新来的长工把农场打理得井井有条，每天从早忙到晚，农场主十分满意。不久后的一天晚上，狂风大作。农场主跳下床，抓起一盏提灯，急急忙忙地跑到隔壁长工睡觉的地方，使劲摇晃睡梦中的长工，大叫道:“快起来！暴风雨就要来了！在它卷走一切之前把东西都拴好！”

长工在床上不紧不慢地翻了个身，梦呓一样地说:“不，先生。我告诉过你，当暴风雨来的时候，我也能睡着。”农场主被他的回答气坏了，真想当场就把他解雇了。

农场主强压着火气，赶忙跑到外面，一个人为即将到来的暴风雨做准备。不过令他吃惊的是，他发现所有的干草堆都早已被盖上了焦油防水布，牛在棚里，鸡在笼中，所有房间门窗紧闭，每件东西都被拴得结结实实，没有什么能被风吹走。农场主这时才明白长工的话是什么意思。

这个长工之所以能够睡得着，是因为他已经为农场平安度过风暴做好了准备。如果你在精神、心理、身体等方面做好了准备，那么就没有什么东西可以令你害怕了。当风暴吹过你的生活的时候，你能睡得着吗？

[书外人语] 凡事预则立，不预则废。临时抱佛脚，不如事前早烧香，做好了一切该做的准备，那又有什么能让你害怕呢？

一 元 钱

| 刘燕敏

他破产了，所有的东西都被拍卖得一干二净。现在口袋里的一元钱及回家的一张车票是他所有的资产。

从深圳开出的143次列车开始检票了，他百感交集。“再见了！深圳”一句告别的话，还没有说出，就已泪流满面。

“我不能就这样走。”在跨上车门的那一瞬，他又退了回来。火车开走了，他留在了月台上，在口袋里悄悄地撕碎了那张车票。

深圳的车站是这样繁忙，你的耳朵里可以同时听到七八种不同的方言。他在口袋里握着那一元硬币，来到一家商店的门口。五毛钱买了一只儿童彩笔，五毛钱买了4只“红塔山”的包装盒。

在火车站的出口，他举起一张牌子，上书“出租接站牌(一元)”几个字。当晚他吃了一碗加州牛肉面，口袋里还剩了18元钱。5个月后，“接站牌”由4只包装盒发展为40只用锰钢做成的可调式“迎宾牌”。火

车站附近有了他的一间房子，手下有了一个帮手。

三月的深圳，春光明媚，此时各地的草莓蜂拥而至。10元一斤的草莓，第一天卖不掉，第二天只能卖5元，第三天就没人要了。此时他来到近郊的一个农场，用出租“迎宾牌”挣来的1万元，购买了3万只花盆，第二年春天，当别人把摘下的草莓运进城里时，他的栽着草莓的花盆也进了城。不到半个月，三万盆草莓销售一空，深圳人第一次吃上了真正新鲜的草毒。他也第一次领略了1万元变成30万元的滋味。

要吃即摘，这种花盆式草莓，使他拥有了自己的公司。他开始做贸易生意，他异想天开地把谈判地点定在五星级饭店的大厅里。那里环境幽雅且不收费。两杯咖啡，一段音乐，还有彬彬有礼的小姐，他为没人知道这个秘密而兴奋，他为和美国耐克鞋业公司成功签订贸易合同而欢欣鼓舞，总之，他的事业开始复苏了，他有一种重新找回自己的感觉。

1995年，深圳海关拍卖一批无主货物，有1万只全是左脚的耐克皮鞋，无人竞标，他作为唯一的竞标人，以奇低的拍卖价买下了它。1996年，在蛇口海关已存放了一年的无主货物——1万只全是右脚的耐克皮鞋急着处理，他得知消息，以残次旧货的价格拉出了海关。

这次无关税贸易，使他作为商业奇才上了香港《商业周刊》的封面。现在他作为欧美13家服饰公司的亚洲总代理，正在力主把深圳的一条街变成步行街，因为在这条街有他的12个店铺。

［书外人语］在有些人眼里，一元钱只能买到一瓶次等的矿泉水；而在另一些人眼里，一元钱可以打造出一条商业街。你愿意做那一种人呢？

抢果子不如自己去种果树

| 澜 涛

王雨菲是一家外资保险公司在东北区的业务总监，她也是这家保险公司在全球几十个分支机构里年龄最小的大区业务总监，她今年只有23岁。

1997年，从一家商业中专毕业的王雨菲到现在就职的这家保险公司做起了推销员。不高的学历、一般的长相、清贫的家境，她有些茫然，但自幼倔强的她告诉自己一定要做出成绩来。她开始整天奔走在大街小巷，每天坚持拜访陌生人，挨家挨户地敲门，承受拒绝和冷漠。

一天，她去一家公司联系业务，看大门的年轻人朗读英语的声音让她心机一动——一个看大门的外来打工青年如此上进求学，这种困境中的坚强让她和这个叫解铭的年轻人交谈起来。当她问解铭为什么要学习英语时，解铭告诉她："我想自己种一个果树总比在别人的果树下等果子掉下来要好……"解铭那有些乡土的话让她很震动，她暗想：我也可以自己种果树的啊！并且，一个奇怪的念头进入她的大脑，解铭一定会成为她的客户的。可当时解铭的情况是一贫如洗，月收入300元，只是初中毕业。但她还是坚定自己的念头，她常常帮助解铭找资料，帮助解铭找新的工作机会。以至于解铭曾很感动地对她说，将来他成功了，一定要用全部家产的一半买她的保险。解铭说这话的时候，全部家产只是一个旧提包，还有一台二手的386电脑。但解铭的话让王雨菲很感动，常常会在不是很忙的时候去看望他。

在辛勤的奔波和努力中，王雨菲的业务成绩不断提升着，2000年4月，因业绩突出被送到美国进行培训。12月，结束培训的她刚刚回到公司，就接到解铭电话。她才知道，现在的解铭已经今非昔比，因为在互联网方面的出色拼杀，他的公司在香港科技板上市了，半个月里融资

500万美元，他自己占15%的股份，他的身价一下就达到了75万美元。他指定由王雨菲亲自受理他的保险，以表示他的感激和信任，共保了两种，每种98份，总保额102万元人民币，这是公司当年在大陆地区接受的最大的一笔个人寿险保单。没多久，在应邀参加解铭的婚礼上，解铭网络界的朋友纷纷和王雨菲握手，说早就听说她四年如一日地支持一个数字英雄的故事，赞誉她是“数字伯乐”，而且纷纷留下名片，表示随时恭候她的光临，并且都嘱咐她，去的时候不要忘记带上一份空白的保险协议书。

如果能力能够让我们跑得足够快，那我们可以快速地去竞争面前的机会，可一旦能力有限，怎样的努力都落在其他人的后面，倒不如耐心发掘身边的土地，种植自己的果树。只要汗水够了、时间够了，赢来的可能就是今年的回报啊！

［书外人语］种一棵自己的树，也许需要更长的时间，更多汗水，可是它终究会结出丰硕的果实！

从50岁开始起跑

| 江　雪

深夜，我接到一个好朋友的电话，她迷茫地说:“在这里，我一眼就能看到自己五年、甚至十年后的模样，我实在不知道这样生活有何意义。”

“那你可以重新选择自己的生活。”我说，“比如考研，不就是一次很好的机会吗？”

她叹了一口气:“难了，我上大学本来就晚，何况又是女的，你体会不到26岁对一个女孩子来说意味着什么，特别在这闭塞的小城市里。前不久，我男朋友向我求婚了，这不仅是他个人的意思，双方的父母都希望我们早点结婚。可一旦结婚，那真是坠入万劫不复的深渊了，可不结婚我又能怎么办呢。如果我还年轻几岁，如果一切能从头再来，我会重新选择自己的人生。”

她沉默了，我也一时语塞。我能对她说些什么呢？良久，我说：“我给你讲讲曾读过的一篇文章吧。文章的题目是《你长大后想干什么？》。”

“一个年仅4岁的小女孩，一天突然很认真地问她正在换尿布的母亲：‘妈妈，你长大后想干什么？’母亲以为孩子在玩什么游戏，便假装很合作地说：‘我想我长大后会成为一个好妈妈。’‘不行，你已经是一个好妈妈了。’母亲又说：‘那也许我会当老师。’‘不行，你已经是老师了。’母亲困惑了，她坦白地告诉孩子，‘那妈妈就不知道还能干些什么了。’孩子天真的回答让人听来却有石破天惊之感，她说：‘妈妈，你只要回答长大后想干什么就可以了，你可以干任何你愿意干的事。’

“母亲被深深感动了，她这样写道：‘我的年龄，我的职业，我的五个孩子，我的丈夫，我的本科、硕士学位，这一切都不是问题。在她那稚嫩的眼里，我可以有梦想，还可以有未来，还能成为宇航员、钢琴家或歌唱家。在她那稚嫩的眼里，我还在成长，还有许多梦想等待我去实现。’

“看完文章后的我，与其说是被感动着，不如说是被震撼着。孩子是不会说谎的，她用纯真质朴的语言，向成人展示了一个全新的世界，一个为我们陈旧心灵所遮蔽的真理。那就是，即便我们垂垂老矣，只要有梦想、有热情，心灵永不枯竭，我们就仍拥有无限的可能，未来依旧对我们敞开，希望之光也将永远照耀我们。而年轻的我们，有什么理由不奋勇向前呢？”

说罢，我和朋友都陷入更深的沉默，也许在那一刻，我们都听见了自己灵魂的呼吸，听到生命前进的号角，感受到心灵的激荡。许久，她用一种哽咽的音调说:“谢谢，你让我重新认识了自己。”

“不，我们应谢谢那个天真的孩子。”我释然地笑笑。

放下电话，我的心情仍久久难以平静，不由得想起曾看过的一次电视节目，其中有对联想集团创始人柳传志的采访。他忆及自己的父亲在年正六旬时，带80万去香港发展，并取得了很不错的成绩。创业，尤其是大学生创业，是如今很时髦的话题，但这次却由一个60岁的老人来书写，这实在出乎大多数人的意料。因为花甲之年，以常人的眼光看来，早应是儿孙满堂、颐养天年的时候，种种花，养养鱼，好不惬意。可柳先生的父亲却在这样的年纪开始新的征程，独自去一个陌生的地方，筚路蓝缕地开创一番事业，这不能不让我等人不老心老之辈汗颜。

有一篇文章说得好，青春不是指生命的一段时间，而是指一种精神状态。如果心灵枯萎，那么即使你年方18，身体健壮，也定然暮气沉沉；反之，倘使你有一颗跳跃的、好奇的心，那么即使到了80岁，你也将依然是年轻！我想，柳先生也正是在父亲这种精神的鼓励下，能够带领联想走到今天，并且始终不断地开拓创新。

前段时间我和弟弟回家看望父母，一进门，见父亲正挥毫泼墨，兴致很高，我很是惊讶。父亲不拿毛笔已很多年了，问起缘由，他得意地告诉我，现在内退了，准备把舍弃多年的书法家之梦又拾起来。弟弟有点不以为然，“爸，您都多大了，还想当书法家，那得从小练才行，你业余消遣消遣就得了，别找那罪受！”父亲却急了:“怎么，就容许你们年轻人有梦想，老年人就不能再追求追求，我30岁时和你想法一致，认为年龄大了、不行了，于是放弃了，而今想起来，如果那时坚持下来，我早已经是书法家了。我现在算是明白了，倘是你想努力，任何时候都不晚。所以，我要从现在起跑，从50岁开始起跑！”

从50岁开始起跑，讲得多好呀。当然，如张爱玲所说，出名要趁早，我想，起跑也应趁早。但倘你已是垂暮之年，也不必灰心，起跑吧，一旦你跑起来，梦想便伴随着你，希望之光便照耀着你，直到你生命终结的那一天！

［书外人语］50岁时不跑，那么到了60岁、70岁时，除去更加老迈以外，不会有什么别的变化；如果你开始跑，哪怕晚了些，也许跑不了太快，可你总在前进。

机会只有三秒

瑞 雪

她，名牌大学毕业，却找不到工作。好不容易找了份戏剧编剧助理的工作，却发现整个公司除了老板只有她一个员工。累死累活干了3个月，只拿到一个月的工资，于是炒了老板鱿鱼，开始游荡，帮人写短剧，写电影，只要按时收到钱就好，前路茫茫，她希冀着奇迹发生。

一次机缘巧合，她应聘到电视台一个节目当了编剧。半年后，在一次制作节目时，制作人不知为什么突然大发雷霆，说了句:“不录了！”就走了。几十个工作人员全愣在那儿不知怎么办，主持人看了看四周，对她说:“下面的我们自己录吧！”

机会只有3秒钟，3秒钟后，她拿起制作人丢下的耳机和麦克风。那一刻，她清楚地对自己说:“这一次如果成功了，就证明你不仅是一个只会写写小剧本的小编剧，还可以是一个掌控全场的制作人，所以不能出丑！”

慢慢地，她开始做执行制作人。当时，像她那个年纪的女生能做制作人，情形相当罕见。

几年后，这个小女生成了三度获得金钟奖的王牌制作人，接着一手制作了红得一塌糊涂的电视剧《流星花园》，被称为台湾偶像剧之母。

回首往事，柴智屏爽直地说：机会只有3秒，就是在别人丢下耳机和麦克风的时候，你能捡起它。

［书外人语］机会有时候需要你去抢占，在别人将它放掉的时候，哪怕只有瞬间，你也一定要抓住它。

再坚持一下

卓 月

上个世纪70年代是世界重量级拳击史上英雄辈出的年代。4年来未登上拳台的拳王阿里此时体重已超过正常体重20多磅，速度和耐力也已大不如前，医生给他的运动生涯判了“死刑”。然而，阿里坚信“精神才是拳击乎比赛的支柱”，他凭着顽强的毅力重返拳台。

1975年9月30日，33岁的阿里与另一拳坛猛将弗雷泽进行第三次较量(前两次一胜一负)。在进行到第14回合时，阿里已精疲力竭，濒临崩溃的边缘，这个时候一片羽毛落在他身上也能让他轰然倒地，他几乎再无丝毫力气迎战第15回合了。然而他拼着性命坚持着，不肯放弃。他心里清楚，对方和自己一样，也是只有出的气了。比到这个地步，与其说在比气力，不如说在比毅力，就看谁能比对方多坚持一会儿了。他知道此时如果在精神上压倒对方，就有胜出的可能。于是他竭力保持着坚毅的表情和誓不低头的气势，双目如电，令弗雷泽不寒而栗，以为阿里仍存着体力。这时，阿里的教练邓迪敏锐地发现弗雷泽已有放弃的意思，他将此信息传达给阿里，并鼓励阿里再坚持一下。阿里精神一振，更加顽强地坚持着。果然，弗雷泽表示“俯首称臣”，甘拜下风。

裁判当即高举起阿里的臂膀，宣布阿里获胜。这时，保住了拳王称号的阿里还未走到台中央便眼前漆黑，双腿无力地跪在了地上。弗雷泽见此情景，如遭雷击，他追悔莫及，并为此抱憾终生。

[书外人语] 不信试一试，再坚持一下，胜利就是你的了。

别放过最糟的机遇

| 感 动

30年前，一个叫刘福荣的农家孩子随父亲从大埔山来到了香港打拼生活，为了谋生，父亲开了一家冰点店，他只是偶尔为附近的片场送外卖，此时，电影在他稚嫩的心灵中还是一片空白。

后来，经过考试，他成为香港无线电视台第10届艺员训练班的学员。毕业后，他走进了演艺圈，没有任何演戏经验与资历的他，接到的只是一些跑龙套的角色，但由于他能吃苦头，所以给一些人留下了很深的印象。

1982年，香港著名电影监制夏梦突然邀请他主演许鞍华的影片《投奔怒海》。制片方原本中意的男主角是周润发。但由于种种原因，此片拍成后在台湾地区不能公映，当时已经成名的影星周润发怕接拍此片会影响自己的台湾票房市场，所以放弃了，但他推荐这个能吃苦的年轻人。

年轻人得知内情后，便跑去找周润发说：“谢谢你推荐我拍戏，但我若接拍了这部电影，我的台湾市场岂不也危险？”

周润发问他：“你告诉我，你哪来的台湾市场？拍了，至少会有香港和内地市场；不拍，你什么市场也没有！”

年轻人如梦初醒，接下了《投奔怒海》，迈出了星路的第一步。

正是这部电影，使许多导演开始注意到这个年轻人，并开始邀请他拍电影。

后来，他成为香港乃至全亚洲举足轻重的电影巨星。

这个人的名字我们都熟悉，他叫刘德华。

在我们的生活还是一片空白的时候，当我们还在成功的大门外徘徊的时候，我们没有资格与理由去挑剔身边的任何一线机会，即使是最糟糕的。有些时候，别人不愿走的险路我们咬紧牙关走下去，结果就走到了成功的彼岸。

［书外人语］即使是最糟的机遇，其中也包含着成功的种子。在你还没有资格挑三拣四的时候，你所要做的就是抓住身边的任何一个机遇。

泥泞留痕

｜菊上

鉴真大师在剃度一年多以后，寺里的住特还是让他做行脚僧，每天风里来雨里去，辛辛苦苦地外出化缘。要知道，这几乎是寺里人都不愿意干的最苦最累的苦差事。

有一天，日已三竿了，鉴真依旧大睡不起。住持很奇怪，推开鉴真的房门，见鉴真依旧不醒，床边堆了一大堆破破烂烂的鞋。住持叫醒鉴真问：“你今天不外出化缘，堆这么一堆破鞋子什么？”

鉴真懒洋洋地打了个哈欠，愤愤不平地说：“别人一年连一双鞋子都穿不坏，我刚剃度一年多，就穿烂了这么多鞋子。”

住持一听就明白了他的弦外之音，微微一笑说：“昨天夜里落了一场透雨，你随我到寺前的路上看看吧。”

寺前的路是一块黄土坡地，由于刚下过一场透雨，路面泥泞不堪。住持拍着鉴真的肩膀问:“你是愿意做个天天撞钟混日子的和尚，还是愿意做个能光大佛法的名僧?”“我当然想做个名僧了。”

住持持着胡须接着说:“你昨天是否在这条路上走过?”

鉴真回答:“当然。”住持接着又问:“你能找到自己的脚印吗?”

鉴真十分不解地说:“昨天这路上又干又硬，哪能找到自己的脚印?”

住持没有再说话，迈步走进了泥泞里。走了十几步后，住持停下了脚步说:“今天我在这路上走一趟，你是否能找到我的脚印了呢?”

鉴真答道:“那当然能了。”

住持听后拍拍鉴真的肩膀说:“泥泞的路上才能留下脚印，世上芸芸众生莫不如此啊！那些一生不经历风风雨雨，碌碌无为的人，就像一双脚踩在又干又硬的路上，什么足迹也没有留下。”

鉴真顿时恍然大悟：泥泞留痕。

[书外人语]　“不经历风云，怎么见彩虹，没有人能随随便便成功。”艰难困苦，玉汝于成，要想走上成功之路，就不能怕那路上的泥泞。

从尴尬开始

塞林，他貌不惊人，毕业于一所名不见经传的地方院校，而且只有大专学历，可是在满满一屋子来自各名牌大学，有着硕士博士头衔的应聘者中，他的表现却让人以为他是个哈佛留学生。

尽管他很自信，可是面试官还是很快掂出了他的分量：他在专业能力方面并不能胜任这个职位。他的求职申请被拒绝了。

这位应聘者在得知自己已被淘汰出局后，脸上露出了一点失望、尴尬的神情。可是他并没有马上离开，而是起身对面试官说:“请问你能否给我一张名片？”

面试官有点冷冷地看着他，从心底里对这些死缠乱打的求职者缺乏好感。

“虽然我无法成为贵公司的员工，但我们也许能够成为朋友。”他坚持着。

“哦？你这么想？”

“任何朋友都是从陌生人开始的。如果有一天你找不到打网球的搭档，可以找我。”

面试官看了他一会儿，掏出了名片。

我就是那个面试官，朋友们都很忙，我确实经常为找不到伴儿打球而烦恼。后来我俩也就成了朋友。

有一次我问他：“你不觉得你当时所提的要求有点过分吗？要知道，你只是一个来找工作的人，你凭什么？”

他说:“我什么也不凭，我只知道一点，人与人之间是平等的。什么地位、财富、学历、家世对我来说都没有意义。”

我笑了，笑他的迂腐，笑正是这种迂腐给了他勇气。我说:“如果我根本不理会你，那你怎么下台？”

“其实人最怕的不是失败本身，而是失败以后的尴尬。很多人不敢去做一些本来也许可以做成的事，就是害怕丢脸。可是真正丢脸的不是失败，而是甚至不敢想象失败。其实很多事情都是从尴尬开始的，包括交朋友。”

他接着说：“大学时候我曾经非常喜欢一个女孩儿，可是几年时间里我只敢远远地看着她。我怕被拒绝。我担心如果向她表明心迹，她会用一种冷冷的眼光看着我说:‘你也配这么想？’如果这样我会无地自容。就这样，我被自己的想象吓住了。后来我偶然得知，她以前一直对我很有好感。我错过了本来属于我的幸福……”

“从那以后，每当怯懦、退缩的念头冒出来时，我都会拿这件事来告诫自己，不要怕可能会出现的任何尴尬。否则，我还是会一次次地错过。”

“你相信吗，我现在已经敢于迎接一切了，不管前面是一个吸引我的女孩还是某个万人大会的讲台，我都会迎上去，虽然我知道自己可能还不够资格。”

[书外人语] 不要为可能出现的任何尴尬而害怕，否则你将错过一次次成功的机会。

只多一点点

| 李雪峰

栖霞是闻名全国的苹果主产区，这里的苹果个头大、汁多、脆甜，深受全国各地人们的喜爱，几家较早开辟苹果园的人，很快就富了。

见种植苹果的人富了，许多人蜂拥而起一下子建起了许多苹果园，没几年，栖霞遍地是苹果。苹果成熟时，堆积如山的苹果销路成了问题，让许多果农愁得一夜白了头。一个果农担忧地对自己的儿子说：“苹果这么难卖，明年咱们毁掉果园种其他的吧。”

果农的儿子说：“咱们果园经营这么多年，好不容易才刚到盛果期，毁掉就前功尽弃了，几年的血汗就白流了。”

果农伤心又无奈地说：“那又有什么办法呢？”

果农的儿子说：“先不要毁，让我再想想办法吧。”

第二年，这个果农的果园没有毁。5月份，当苹果长到半熟时，其他的果农悠闲地在树下打牌、聊天，等着果园里的苹果成熟时，这个果农的全家人却开始忙碌起来了，他们拿着剪好的“喜”、“祝你发财”等等的一张张剪纸，用不干胶将这些剪纸一一贴到那些个头大、果形好的苹果上，只几天便把整个果园的苹果给贴满了。其他的果农说:“苹果都半熟了，还忙什么？歇着等苹果熟就行，销路难找，是大家都难找，你一家忙什么？”这个果农笑笑说:“没啥，闲着也是闲着，我只是比大家稍稍多忙一点点。”

苹果成熟后，果然销路仍然很难找。当其他果农为自己堆积如山的苹果销路忧愁得寝食难安时，这个果农的果园却涌满了全国各地来的订货水果商；甚至许多水果商为订到苹果竟排起了长队，有的主动向果农上浮了苹果的价格。邻近的果农看看川流不息驶向这家果园的大货车，不明白同是红富士，苹果个头、果形也差不多，为什么他家的客商络绎不绝，而自己家却门可罗雀呢？他们拦住了一位水果商，水果商拿出两个苹果说:“人家的苹果上有‘喜’字，有‘祝你发财’，这样的苹果在市场上很抢手，你们有吗？”几位果农明白了，原来人家在半熟的苹果上贴剪纸，苹果红后，那剪纸就在苹果上留下了清晰的字迹。但这并不是多么复杂的事情呀，有字的苹果，仅仅比普通的苹果多一个或几个字嘛，不就多了一点点吗，怎么销售时差别却这么大呢？

一位水果商说:“不错，就是只多了那么一点点，所以多一点点的，和少一点点的，就有了天壤之别了。”

难道不是这样吗？有许多人原本和我们一样，只是他们比我们多了一点点的勤奋，所以他们成功了，而我们却依旧普通着；有许多人原本和我们一样，只是他们比我们多了一点点人生的执著，所以他们成为了奇迹，而我们却成为了人生的庸者……

只多一点点，比小溪多一点点就成了大河，比大河多一点点就成了长江，比长江多一点点就成了大海。一个人的失败就因为他比别人仅仅少了一点点，而一个人的成功也因为他比别人仅仅多了一点点。

比别人多一点点，那么别人是小溪，你就可以成为生命的海洋。

[书外人语] 上帝非常公平，谁付出的努力多，谁就会成功，哪怕只是多那么一点点。

坚持正确的观点

有一家医院，一个年轻的护士学员第一次担任责任护士，如果此次手术后她被外科医生评定合格，那么她将获得合格的护士证书。

复杂艰苦的手术从清晨进行到黄昏，终于手术接近尾声，主刀的外科专家即将缝合患者的伤口，女护士突然严肃地盯着他说："大夫，我们用了 10 块纱布，您只取出了 9 块。"外科专家道："这不可能，我已经都取出来了，你不要妄加判断。""不会的！"女护士坚持抗议，"我记得清清楚楚，手术中我们用了 10 块纱布。"外科专家不耐烦地说："我是医生，我有权决定缝合伤口！"女护士毫不退让，她大声道："正因为您是医生，您更不能这样做，况且我们都要对患者负责！"

这时，外科专家严峻的脸上才泛起了欣慰的笑容。他举起左手心里握着的第 10 块纱布道："你是正确的，你是一个合格的护士。"

[书外人语] 无论我们面对的是谁，都不能丧失自己。否则，最终在这个社会上将不会有我们的位置。

一本小说

某年的世界文学座谈会上，有一位相貌平平的小姐端正地坐着。

她的隔壁坐着一位匈牙利男作家，他问她："嗨，请问你也是作家吗？"

小姐亲切地回答："应该算是吧。"

男作家继续问："哦，那你都写过什么作品？"

小姐谦虚地回答："我只写过小说而已，并没有写过其他的东西。"

男作家显得有些骄傲地说："我也是写小说的，目前已写了三十几本，多数人都觉得不错，也颇获好评。"说完，男作家又问，"对了，不知道你写过几本小说？"小姐微笑着回答："我没有你这么厉害，我只写过一本而已。"

"一本小说啊？书名是什么呢？"男作家的得意之情越来越溢于言表。

小姐和气地说："我那本小说叫《飘》，拍成电影时改名为《乱世佳人》，不知道这部小作品你有没有听说过？"

听了这段话，男作家惊愕得无法搭腔，原来她就是鼎鼎大名的玛格丽特·米歇尔。

[书外人语] 有的人一辈子认认真真地做好了一件事，有的人一辈子做了许多事，可都没有什么质量。记住：质量远比数量重要。

人生的偶然

| 雪小禅

人生是有许多偶然的，所以，也就多了很多的机会。

16岁的时候，她只是个很平常的女生，学习下等，和一些已经在社会上打工的女孩子混在一起玩，那时她上初二，不知道自己的明天在哪里。

一次期中考试前，她的好友悄悄把她拉过来说："告诉你个好消息，我有了这次考试的卷子了。"

原来，另一个学校已经考过，而有人告诉她，她们这次考试就是这张卷子。

那是张数学卷子，她几乎把它背了下来，如果按她的真实水平，她只能考30多分吧，但她那次考了一个全班第一，她的朋友只背过其中一部分，考了70多分。让她没想到的事还在后边，所有人都怀疑她作弊了，但就是作弊也不可能考98分啊，只有老师表扬了她并鼓励了她，说她进步很快，以后肯定还会考出好成绩。那一刻，她差点流了泪，她没想到老师相信她，况且同学们对她的羡慕让她体会到了一种从来没有过的喜悦和兴奋，原来，学习好了可以如此自豪！

从那以后，为了证明自己没有作弊，为了对得起老师那句话，她像发了疯一样开始学习，并从中体会到了学习的乐趣。不久，她的学习成绩果然跃居全班第一。一年后，她考上重点高中。三年以后，她考上了北大。

如果不是那次偶然偷来的试卷改变了她的命运，她本来也是和那些农村的女孩子一样，毕业以后去外地打工的。因为那个考了70多分的女生最终去了一个饭店端盘子，而几年之后，她去美国留学了。

是那次偶然改变了一切，她抓住了那个机会。而那个女孩子，却没有抓住，于是一切变得如此不同。十几年后她回母校做报告，说了自己的故事。当时已经白发苍苍的数学老师对她说了真相：孩子，当时我就知道你是作弊了，因为以你的能力不可能考98分。但我想，也许你从此能发愤，所以，我给了你鼓励和信任。

那一刻，她的泪水流了下来，在人生最关键的时刻，那个最明白她的人，没有把她当贼一样揪出来，而是给了她鼓励，让她的人生从此与众不同。

还有一件让人感动的偶然。

一个德性不好的人，好吃懒做不算，还有偷偷摸摸的习惯，所有人都很讨厌他，因为他借了人钱不还不算，还总是拿去赌博。所以，周围的人几乎没人再借钱给他，即使想做个小买卖他都没有钱。于是他跑到一家远房亲戚家借钱，那是他第一次向她张口，他以为她还不知道自己的底细。

他很顺利地拿到了钱，在转身要走的一刹那，她叫住了他："曾有人打电话告诉我说你不会还钱，让我不要借给你，但我相信你不是那样的人，也许他们对你有误解。"

在听到这句话之前，他是准备拿这1000块钱去赌博的，赢了就吃喝玩乐，输了再找人借。但这句话给了他很大的震动，他没有说话，关上门走了。然后他离开了家乡，去了深圳。

半年后，他的亲戚收到了他从深圳寄来的1000块钱。三年后，他开着私家车从深圳回来，把从前欠的钱全部还清了。

是从那次借钱开始，他知道自己应该有另一种人生，他要让人家对他信任，他再也不愿做骗子了，因为是那个亲戚的信任让他从此翻开了人生的另一页。

其实人生有很多偶然，有很多重新开始的机会，不要轻易放弃上帝给你的任何一个机会，也许一次偶然，就可以改写你的人生。

[书外人语] 偶然的机遇可以改变你的一生，但前提是你必须牢牢地抓住它。

后　记

“小中见大•智慧文丛”自2000年初问世以来，经过了漫长的时间和市场验证，已成为中国图书市场上一个优秀的图书品牌，文丛的精华选本于2003年获“第六届全国优秀少儿图书奖”，于2004年获“第十四届中国图书奖”，2005年，本文丛的繁体字版本入选香港地区“中学生好书龙虎榜”。同时，本文丛中的多篇文章被选入不同地区的华语教材，也有很多学生从本文丛中获益，他们中有黑龙江省的高考状元，有全国小学生阅读大赛一等奖得主……

“小中见大•智慧文丛”开创了一种全新的图书体例：蕴涵丰富哲理的小故事+精妙简短的评语。这类图书在编辑创意上看似简单，但尤见编者功底：一是所选故事是否格调高雅，寓意深远，文字优美；二是所作点评是否切合主旨，微言大义，对原故事有所提升，对读者有所警醒启发。确实是小中见大，要在细致处精心作文章。在广大读者心目中，“小中见大•智慧文丛”仍是他们的最爱和首选，正如第十四届中国图书奖的评审专家所说：

“该书选择精审，每一篇都有深刻的寓意，读者在阅读的同时，体验生命的豁然开朗，享受智慧的自由飞翔，颇能启人心智，发人深思。同时，所选故事又有很强的可读性，将深刻的哲理与生活意义故事情节结合起来是其最突出的特点。这样的书适合不同年龄，不同职业，不同社会阶层的读者阅读。”

这次改版，我们仍旧坚持了原书主旨和格调，入选的故事都有着健康的格调，丰富的哲理，优美的文笔，只是在篇幅的限制下，删减了一些文章。

最后，我们要感谢多年来一直关爱着我们的读者及众多朋友，是大家的支持和帮助让我们走到了今天。书中所有故事的作者，更是我们大家的良师益友，因为他们的智慧和汗水，我们才能享受到这样美妙的阅读体会。欢迎各位与我们联系并批评指正，我们的邮箱是：canglang@vip.sina.com。

感谢读者朋友在众多的图书中选择了本书，祝大家健康进步！

编 者

[小中见大·智慧文丛]

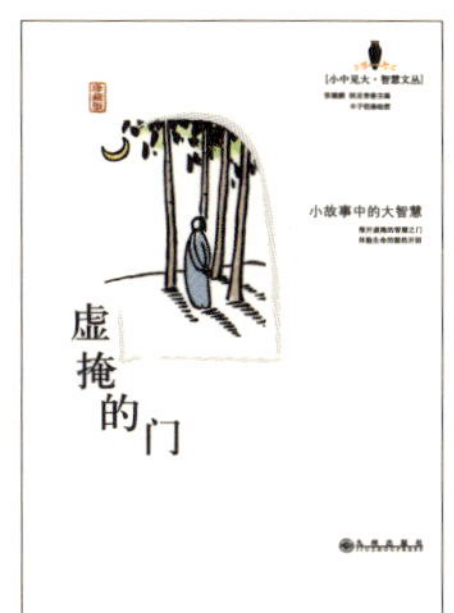

责任编辑◉姜逸荪

选题策划◉沧浪书业

装帧设计◉形式书籍设计 · 刘大毛

xingshibooks@yahoo.com.cn

填平被你忽略的陷阱　获取自己应有的成功

我很喜欢这套丛书，把它放在床头不时翻看。书里的小故事都很巧妙，蕴涵着某一方面的生活哲理。生活貌似复杂，其实道理很简单，只是我们不愿、不会、不甘心简单地生活。

——刘震云（著名作家）

选择适合学生阅读的课外读物是一件不大容易的事．内容要健康向上，文笔要清新活泼，同学们喜欢读还不能占用太多时间。在2002年底我发现了这套丛书后，立刻向学生推荐，同学们阅读后的反映很好。

——郭铁良（北京特级语文教师）

这套丛书可以说开创了一种新的图书体例，此类图书在市场上现已蔚然成风。但“小中见大智慧文丛”这个多次获奖的品牌，无疑还是读者的首选和最爱，书中的故事和点评都有很高的品位。

——于开（著名影视策划人）

许多时候，让我们疲惫的不是脚下的高山和漫长的旅途，而是鞋里的一粒微小沙砾。同理，制约我们走向成功的重要因素也许就是我们身上的一些小毛病、小问题。只要我们树立一个自我管理人生、过有纪律的生活的理念，就会发现，成功并没有那么难。

——肖剑（本书顾问、作家）

[小中见大·智慧文丛]

ISBN 978-7-80195-650-7

9 787801 956507 >

定价：26.00元